좋은 친구 한 명만 있어도

삶이 훨씬 쉬워집니다.

어려운 청소년들의 친구가 되는 것은

청년의 사회적 역할입니다.

청소년 멘토링 가이드 북

십대와 친구하기

청소년 멘토링 가이드 북

십대와 친구하기

초판 1쇄 발행 2006년 12월 5일

|지은이| KYC 좋은친구만들기운동
|집필| 박윤숙 |취재| 이문영 |교정| 정유리
|펴낸이| 송영민 |펴낸곳| 도서출판 시금치
|등록일| 2002. 8. 5. |등록번호| 제 300-2002-164호
|주소| 서울 종로구 삼청동 147-16호 2층 (우)110-230
|전화| (02)725-9401 |팩스| (02)725-9403

|이메일| ed@greenpub.co.kr
|웹사이트| http://www.greenpub.co.kr

ISBN 89-92371-00-4-03330

「이 도서의 국립중앙도서관 출판시도서목록(CIP)은
e-CIP 홈페이지(http://www.nl.go.kr/cip.php)에서 이용하실 수 있습니다.
(CIP제어번호: CIP2006002572)」

값 1만 원

십대와 친구하기

청소년 멘토링 가이드 북

KYC 좋은친구만들기운동 지음

시금치

감사의 글

그간의 경험을 담아
읽기 편한 청소년 멘토링 대중서를 만들겠다는 일념 하나로
일년 내내 고생하신 여러분들께 감사드립니다.

KYC 청소년 멘토링의 연구를 맡아 그동안 멘토 교육에 사용하던 귀중
한 글을 이 책의 초고로 선뜻 내어주신 서울여대 박윤숙 교수님,
힘에 부칠 정도로 많은 행사와 회의,
까다로운 실무를 꼼꼼하게 챙겨온 엄승용 님,
멘토를 만나러 먼 지역까지 취재를 다녀오고 정성스레 인터뷰 글을 써
주신 이문영 님, 그리고 두 아이의 어머니로서 청소년 멘토링의 좋은
뜻을 알기 쉽게 정리하고 다듬어주신 정유리 님,
그리고 KYC 멘토링에 참여한 모든 멘토님들,
정말 고맙게도 이 책의 출판을 후원해주신
사회복지공동모금회와 SKT에 특별한 감사의 인사를 드립니다.

KYC 좋은친구만들기운동은
앞으로도 청소년 멘토링 지원센터 설립과 학술연구 등
양적 질적 발전을 위해 노력을 기울이겠습니다.
모든 어른이 모든 청소년의 멘토가 되는 그날을 위해!

(사)KYC 좋은친구만들기운동 이사장
국회의원 김 형 주

무협지를 읽다 보면 강호에는 고수가 많다는 표현이 나옵니다.
이름 없는 무림의 고수들이 저마다의 독특한 절세무공을 자랑하며 난세를 헤쳐 나가지요.
저는 실제로 이 세상에 고수들이 참 많다고 생각합니다.
잘 알려져 있진 않지만 저마다의 자리에서
이 세상이 흔들리지 않도록 중요한 역할을 하는 고수들 말입니다.

KYC좋은친구만들기운동이야말로 그런 강호의 고수 중 하나입니다.
지난 7년 동안 한해도 거르지 않고 전국적으로 보호관찰청소년, 장애청소년, 저소득가정청소년, 북한이주청소년들의 친구가 되어 좀 더 밝은 미래를 꿈꿀 수 있도록 도와주는 일을 해 왔습니다.
따져보니 2000명이 넘는 청소년들이 이 프로그램을 거쳐갔더군요.
굽이굽이마다 어려움이 왜 없었겠습니까? 그 결실의 하나인 이 책의 출간과 더불어 그 동안 참 고생 많았다고, 참 고맙다고 인사를 드리고 싶습니다.

저는 이 책이 하나의 상징이라고 생각합니다.
앞으로 KYC좋은친구만들기운동이 더 적극적으로, 더 많은 사회적 지지를 받으면서, 더 능숙하게 청소년 멘토링 활성화를 위해 뛸 것임을.
정말 기대가 됩니다.

KYC(한국청년연합회) 공동대표
정 보 연

ⓣⓘⓟ 색인

차 례

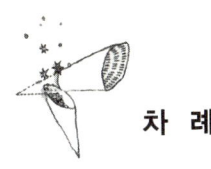

친구 같은 후원자의 길 청소년 멘토링 1장

2장 멘토가 말하는 멘토링

아름다운 동행을 위하여 멘토링 기술 3장

부 록

왜 청소년멘토링인가?

영화 〈굿 윌 헌팅〉의 MIT대학 청소부, 윌 헌팅은 보스턴 빈민가에서 태어나 술집이나 전전하는 앞날이 뻔한 청년이었다. 그러나 사실 그는 비상한 두뇌를 가진 천재였다.

어느날 우연히 그가 천재라는 사실이 알려지자 학자와 의사들이 도우려 나섰지만 윌 헌팅은 오히려 그들을 조롱하며 거부한다. 그러다 그는 숀 맥과이어 교수를 만나게 된다.

맥과이어 교수는 마음의 문을 걸어 잠근 윌 헌팅의 진짜 모습을 볼 수 있었다. 세계적인 수학자들도 풀지 못하는 문제를 누워서 떡 먹듯 풀어내는 천재가 아니라 불행했던 어린 시절에 짓눌려 안절부절 못하는 스무 살 청년의 그를 말이다.

맥과이어 교수는 그런 윌의 마음을 보듬어 주며 인생의 지혜를 나누어 주었고 마침내 윌은 가슴 속 깊이 응어리진 과거를 토해내며 세상과 맞설 용기를 얻게 된다. 드디어 솜처럼 부드럽고 따끈따끈한 그만의 드라마 같은 인생이 펼쳐지기 시작한 것이다.

인생의 세 가지 보물 가운데 하나가 좋은 스승이라고 한다. 사람들은 어른이 되어서도 때론 스승을 찾아 나선다. 그런데 삶이라는 망망대해로 항해를 시작하는 청소년기의 스승의 부재란 어떨까. 비록 그들이 누구의 도움 따위도 필요 없다고 외칠지 모르나, 좋은 스승은 보물과도 같은 인생의 행운이었음을 훗날 부인할 수는 없으리라.

사람은 누구나 청소년 시기를 거치며 때로 알 수 없는 두려움과 분노, 열정과 냉소가 뒤죽박죽이 되어 미래를 꿈꾸지 못하고 불안한 시간을 보낼 수 있다. 급변하는 세상처럼 날이 갈수록 복잡미묘해지는 청소년 세대의 방황은 더욱 심각해지는 양상을 보이고도 있다.

청소년 멘토링은 거대 사회의 제도적인 교육 차원에서는 해결하기 어려운 청소년들의 문제점을 함께 걱정하며 고민하며 해결방안을 찾아 그들의 성장과 사회적응을 돕는 일이다.

맥과이어 교수처럼, 대장금의 한상궁처럼 훌륭한 스승이 아니어도 좋다. 멘토링이 원하는 최고의 스승은 청소년의 불안하고 초조한 마음을 이해하고 귀를 기울일 줄 아는 선배이거나 친구 같은 존재들이다. 친구 같은 선배 혹은 어른이 되어주는 일, 그것이 바로 청소년 멘토링이다.

청소년 멘토링은 특히 사회적으로 취약한 위치에 있는 청소년들, 다양한 배경에서 소외받는 청소년들에게 더 실질적인 도움을 줄 수 있다. 가족이나 친척, 학교에서 가르침을 받을 만한 어른이 곁에 없는 청소년들은 우리가 아는 것보다 훨씬 많이 있다. 그들은 멘토링을 통해 다시금 어엿한 청소년이 되고, 마음 깊은 곳에서 갈망하던 다양한 사회적 관계들을 맺을 수 있게 되면서 미래를 준비하는 학생으로, 행복을 꿈꾸는 평범한 사회인으로, 남을 도울 줄 아는 참된 어른으로 성장하는 길로 자연스럽게 들어선다.

청소년의 친구가 되어줄 어른들은 대부분 자원활동으로 멘토링에 참여한다. 바쁜 시간을 쪼개야 하고, 경제적, 정신적으로 힘든 일이지만 이런 모습을 지켜보는 일은 무엇과도 비교할 수 없이 커다란 만족감을 얻게 된다. 작은 씨앗을 심고 열매를 맺도록 가꾸는 것에도 우리는 행복해진다. 하물며 청소년들의 성장을 돕는 일은 말할 것도 없으리라.

이렇듯 중요한 역할을 맡는 어른들은 일정한 교육을 통해 멘토링의 적절한 기술도 익혀야 한다. 기술이라고 해서 겁먹을 필요는 없다. 어떻게 의사소통을 하여 청소년을 더 잘 이해할 수 있을지, 청소년이 겪는 위험에 무엇을 도와줄 지와 같은 멘토링의 실질적인 기술들은 청소년 자녀를 둔 부모나 늘 청소년과 함께하는 어른들, 도움이 절실한 청소년을 주변에 가까이 둔 직업인들이 알아두면 유용한 지식되기도 한다.

이 책은 이처럼 청소년 멘토링을 잘 이해하고 실천하기에 참고할 만한 경험과 사례, 의사소통 기술을 정리했다. 여기에 실린 내용들은 KYC좋은친구만들기운동에서 지난 1999년부터 지금까지 운영해오던 멘토링 프로그램에서 멘토용 교육자료로, 만 7년 동안 수천 명의 멘티와 멘토들이 인연을 맺어 성과를 거두게 한 청소년 멘토링에 있어서 살아있는 발자취이자 그 체험들이다.

그동안 방송, 신문 등 여러 매체에서 소개된 멘토를 비롯해 빛나는 성과를 거둔 KYC의 대표적인 멘토링 사례가 있지만, 되도록 최근 사례로 북한이주청소년, 저소득가정의 청소년, 보호관찰처분을 받은 이른바 비행청소년 등 대표적인 유형들 가운데 한 사례씩 멘토를 직접 찾아가 생생한 체험기도 인터뷰해서 실었다.

어떻게 하면 청소년과 좋은 친구가 될 수 있을까? 이제부터 그들과의 행복한 만남을 준비해 보자.

1장.

친구 같은 후원자의 길

청소년 멘토링

멘토링,
세상에서 가장 행복한 만남

"친구여, 내 아들 텔레마코스를 잘 부탁하네."

"내 최선을 다해 보살피겠네. 몸조심하고 잘 다녀오게나."

전쟁터로 떠나는 오디세우스와 친구 멘토는 아마도 이런 대화를 나누었을 것이다. 멘토링(Mentoring)은 호머의 오디세이에 등장하는 오디세우스와 그의 친구 멘토에서 유래되었다.

오디세우스는 트로이 전쟁을 위해 떠나면서 자신의 친구에게 아들을 부탁했고 멘토는 최선을 다해 아버지로서 선생으로서 그리고 조언자로서 텔레마코스를 도왔다. 그로부터 고대 그리스의 젊은 남성들은 아버지의 친구나 친척 가운데 경험이 많은 나이든 남성에게서 인생의 지혜와 가치관을 배우는 관습이 생겨났고, 지혜와 신뢰로 한 사람의 인생을 이끌어주는 스승을 멘토라 부르게 되었다.

멘토는 후원자, 인도자, 조언자, 스승, 선배 등의 다양한 이름을 가지고 있지만, 무엇으로 불리냐보다 어떤 역할을 수행하는가가 더 중요하다. 멘티(Mentee)는 멘토에게 조언과 도움을 받는 이를 말한다.

세상의 고민을 다 짊어진 듯 방황하는 젊은이들, 가정, 학업, 진로, 이성과 같은 청소년 시기의 다양한 문제에 직면한 청소년들이 스스로 해결할 수 없는 큰 어려움에 직면했을 때 누구의 도움도 받을 수 없다면 옳지 않은 길로 빠지는 것은 어찌 보면 당연한 일인지도 모른다.

특히 육체와 정신에 장애가 있는 청소년, 직접 생계를 책임져야 하거나 학업이 어려울 정도로 가난한 가정의 청소년, 남부러울 것이 없는 환경이지만 힘겹게 사춘기를 보내는 청소년 멘티들은 멘토링이라는 과정에서 작고 사소한 경험일지라도 이를 통해 커다란 결실을 맺어내기도 한다.

청소년 멘토링이 청소년에게 줄 수 있는 도움은 무엇일까?

4살 난 아이들은 '싫어', '안 먹어', '내가 할래' 같은 말로 자아개념이 형성되는 시기의 신호를 보낸다. 무엇이든 자기가 하겠다면서 순순히 부모 말을 따르는 법이 없다. 유아 사춘기라는 말이 있을 정도로 부모들은 힘들어 한다.

그러다가 점점 자라서 청소년기가 되면 이르면 언어로는 물론 온몸으로 독립을 선언한다. 밥을 안 먹겠다고 투정부리던 어린아이는 방문을 걸어 잠그고 짜증을 내거나 부모에게 반항하면서 주체적인 어른이 되기 위한 신체적, 심리적, 사회적 준비를 시작한다.

부모로부터 독립해 성인이 될 준비를 시작하는 이때, 청소년은 무엇이든 될 수 있는 무정형의 생물체 같다. 완성된 모습이 어떨지 아무도 모르지만 원하는 모양으로 만들어 갈 수 있는 가능성은 무한한 시기. 그들 각자가 태어난 환경이나 여건을 무시할 수 없지만 그들이 가진 가능성만은 여전히 무한대다.

청소년들이 자신의 잠재적 가능성을 십분 발휘하고 건강한 사회인이 되기 위해서는 여러 가지 도움이 필요하다. 그리고 그 중 가장 중요한 것이 다양한 사회적 관계이다.

부모는 절대적인 후원자이지만 자식에 대해 객관적이기 힘들고, 늘 접하던 세계에 속한 사람들이다. 또 부모마저도 없거나, 없는 것이나 다름없이 사는 청소년들도 많다. 청소년 멘토링은 새로운 세계의 사람과 만나 다양하고 확장된 경험을 할 수 있는 이점이 크다. 특히 다양한 직종에 종사하는 멘토를 통해서 자신의 진로에 대한 희망을 구체화 시킬 수 있고, 모델링 할 수 있는 기회도 얻을 수 있게 된다.

청소년들의 고민 상담자는 누구인가? 각자 청소년 시절을 돌이키면 금방 답이 나온다. 그렇다. 바로 친구다.

통계청에서 내놓은 2003년 청소년 통계를 살펴보면 15세에서 19세까지 청소년의 61.5%가 친구에게 고민을 상담한다고 한다. 그 다음이 부모(14.7%), 스스로 해결(13.5%) 순이다. 즉 청소년은 고민이 생기면 친구를 제일 먼저 찾는다는 것이다.

그런데 친구들이 답을 줄 수 있을까? 다시 나의 청소년기를 돌아보자. 답답한 속을 털어놓을 수 있고, 이해 받기는 했지만 뾰족한 해결책을 찾기는 어려웠을 것이다. 청소년은 친구를 가장 친근한 고민 상담자로 여기지만 가정불화나 경제적 빈곤들로 빚어지는 문제 때문에 방황하는 아이들에겐 좀 더 경험 많고 지혜로운 어른이 필요하다. 멘토링은 이처럼 주위에 도움받을 만한 어른을 갖지 못한 소외계층 청소년들에게 더욱 절실한 프로그램이다.

공식적인 청소년 멘토링 프로그램들은 소외계층 청소년들에게 우선적인 멘티 혜택을 주게 하고 있다. 이유는 이들이 매우 열악한 사회적 관계망을 가지고 있어서 그렇다.

주변에 대학을 다니는 선배나 친척도 없고 직장을 제대로 갖고 있는 어른도 드문 청소년들. 심지어 부모 형제도 없거나 가족이 있더라도 도움을 받기는커녕 도움을 줘야 하는 열악한 상황에 처한 청소년들이 아직은 우리 주변에 많이 있다.

근로기준법을 공부하던 전태일 열사는 나에게 단 한 명만이라도 대학생 친구가 있으면 좋겠다고 했다. 당시와 비교하면 살기 좋아진 것이 사실이지만 날로 심각해지는 양극화나 증가하는 이혼 등으로 소외 청소년들은 여전히 힘든 날을 보내고 있다.

청소년 멘토링 프로그램은 이들에게 학습이나 생활 면에서 실질적인 도움을 주고 따듯한 위로 한마디라도 전해줄 멘토와의 만남을 주선하여 청소년들이 유익한 사회적 관계를 형성할 수 있게 돕는 것이 우선적이어야 한다.

또한 비행 경험이 있는 청소년들이 다시 학교와 사회로 돌아올 수 있도록 도우며, 정상적인 사회활동을 돕는 역할에도 멘토링 프로그램은 매우 효과적이다. 절도나 폭력 등으로 보호관찰을 받고 있거나 보호관찰을 받은 적 있는 청소년들은 멘토링 프로그램으로 빠른 사회적응력을 보이면서 진로 문제를 해결하거나 학업의 의미를 찾는 데에 실질적인 도움을 받을 수 있다.

멘토링 과정이 재범을 방지하고 아직 정해지지 않은 자신의 미래를 긍정적으로 설계할 수 있게 만드는 것이다.

청소년 멘토링을 이끌어가는 멘토들은 어떨까.

사랑은 받는 것이 아니라지만 낯선 청소년들과 가까워지기란 쉬운 일이 아니다. 일부 청소년들은 반항적이고 폭력적이거나 혹은 지나치게 소심하기도 하여 멘토들의 애를 먹인다. 그러나 일단 마음의 문을 열고 멘토를 신뢰하게 되면 멘티들은 꽁꽁 닫아걸었던 마음의 문을 열고 멘토를 선배로 스승으로 믿고 따르며 그들의 조언에 귀를 기울인다.

청소년들의 이런 긍정적인 변화가 멘토에게 어떤 의미를 느끼게 하는가는 말할 것도 없으리라. 한 사람의 인생에 작은 도움이라도 줄 수 있다면 그만큼 의미 있는 일이 또 있을까.

현대인들은 자신의 분야에서 경쟁력을 높이기 위해 바쁘게 살고 있다. 따라서 주위를 돌아볼 겨를도 없는 게 현실이지만 자기 분야 말고는 사회의 변화나 흐름에 둔감해지기 쉬운 것이 현대인의 삶이다.

멘토링 프로그램은 다양한 사회 현상을 접하면서 다양한 사회 구성원들을 만날 수 있으므로 분업화된 현대인들이 폭넓은 시각과 정보를 얻을 수 있는 기회가 된다. 그 뿐만이 아니다. 정신적인 만족감과 보람을 얻게 된 멘토들은 본연의 일에 능률도 오르고 궁극적으로는 자신의 경쟁력을 높이는 데에도 도움이 될 수 있다. 청소년 멘토링은 청소년들 특히 소외계층 청소년에게 기대 이상의 지지와 용기를 주는 일이며, 나눔을 통해 자아실현의 기회도 갖게 하는 것이다.

고민에 쌓인 혈기 넘치는 청소년과 다양한 분야에서 성실하게 살아가는 사회인의 만남, 그것은 단순히 도움을 주고받는 일방적인 관계나 상하관계가 아니라 상호작용으로 함께 커가는 평등한 관계다.

청소년 멘토링은 서로에게 행복을 주는 만남인 것이다.

ⓣⓘⓟ 1.
청소년 멘토링은 어디에 초점을 두어야 할까?

① 교육(학업지도)

멘티의 학교 적응과 학업 능력을 향상시키는 데 초점을 둔다. 즉 성적 향상, 학교 중도탈락 감소, 출석 향상 등을 세부 목표로 청소년들이 학교생활에 잘 적응할 수 있고 학교를 잘 마칠 수 있도록 격려하고 지지한다.

② 진로지도

멘티가 자신의 적성과 흥미를 발견하여 미래 비전을 세우고 필요한 정보를 얻고 기술을 익히는 데 초점을 둔다. 가능하면 청소년들이 흥미를 갖는 영역에 관련된 직종을 가진 성인 멘토가 선정되어 직업생활에 필요한 것들을 준비시킬 수 있다면 더욱 바람직하며, 그 효과는 클 것이다.

③ 개인적 성장

여러 위기에 처해 있는 멘티들이 멘토와의 관계를 통하여 어려움을 극복하고, 정상적인 발달을 성취하도록 돕는다. 특히 낮은 자존감이나 부족한 의사결정력을 가진 청소년, 적절한 지지체계가 없어 어려움을 겪는 청소년들에게 깊은 관심과 지속적인 지원이 필요하다.

청소년 멘토링의 여러 유형들

"그래도 지구는 돈다" 는 말을 남긴 갈릴레오 갈릴레이는 "우리는 사람들에게 그 어떤 것도 가르칠 수 없다. 우리가 할 수 있는 일은 다만 그들이 자기 안에서 무엇인가를 찾도록 돕는 것이다." 라고 했다. 청소년 멘토링 프로그램의 역할도 이와 비슷하다 할 수 있다. 청소년들이 자기 안의 것을 스스로 찾도록 하려면 어떻게 해야 할까.

여러 조건이 필요하겠지만 무엇보다 멘토링 자체가 청소년들에게 편안함과 친숙함을 줄 수 있어야 할 것이다. 인원수, 장소, 형식 등을 고려해 청소년 멘토링 프로그램을 몇 가지 유형으로 나눌 수 있는데 각각의 특징을 살펴보자.

★ 비공식 멘토링 – 공식 멘토링

마을의 어른이 동네 젊은이를 불러 조언을 하거나 아버지가 아들의 고민을 들어주는 것은 모두 비공식 멘토링에 속한다. 부모님이나 선생님 혹은 선후배나 친척 사이에서 자연스럽게 발생하는 일 대 일의 관계를 말한다. 보통 이런 관계를 멘토링이라고 부르진 않지만 일상생활에서의 신뢰를 바탕으로 청소년에게 적절한 조언과 도움을 준다는 측면에서 비공식적인 멘토링이라 할 수 있다. 그러나 이런 비공식 멘토링의 경우, 부모나 형제 등 멘토 개인 역량에 전적으로 의존해야 하는 한계가 있고, 이런 기회를 가질 수 없는 청소년들도 많다는 문제점을 안고 있다.

공식 멘토링은 가정이나 학교, 지역사회에서 역할모델이 되어 줄 어른을 갖지 못한 소외계층 청소년 등에게 초점을 맞춘다. 도움이 필요한 청소년을 발굴하고 그들이 무엇을 원하는지 살펴본 후 그에 적합한 훈련된 멘토와 관계를 맺도록 해준다.

공식적 멘토링은 멘토와 멘티가 공식적인 관계를 맺는 것으로, 만남이나 활동에 대한 계획을 세워서 약 6개월이나 1년이라는 계약 기간을 설정한 채 만남이 이루어진다.

또한 멘토에 대한 지속적인 훈련과 교육이 실시되고, 경험 많은 전문가들의 지도와 감독이 이어지며, 지속적인 평가도 이뤄진다(유성경.이소래, 1999).

★★ 일대일 멘토링 – 집단 멘토링

멘토링이라고 하면 멘토 한 명과 멘티 한 명의 만남을 떠올리기 쉽지만 모든 멘토링이 다 그렇지는 않다.

청소년 멘토링의 효시라고 할 수 있는 빅 브라더(Big Brothers) – 빅 시스터(Big Sisters) 프로그램에서는 멘토 한 명과 멘티 한 명이 만나는 일대일 결연관계(일대일 멘토링)를 강조하고 있다. 일대일의 만남은 친밀도를 높이고 청소년의 문제를 잘 파악할 수 있는 효과적인 방법으로 여겨진다. 그러나 자원봉사자인 멘토가 부족한 경우에는 멘토링 프로그램의 혜택을 받을 수 있는 청소년의 수가 줄어드는 문제가 발생한다. 그래서 새로운 접근 방법이 필요하게 되었는데 그 중 하나가 바로 집단 멘토링이다.

집단 멘토링은 한 명의 멘토에게 여러 명의 멘티를 결연시키거나 여러 명의 멘토들이 청소년 집단과 멘토링을 실시하는 것이다. 이러한 멘토링은 멘토 집단이 2~9명, 멘티 청소년 집단이 20~30명 정도로 구성된다(김지선, 2002).

그러나 집단 멘토링은 일대일 멘토링에 비해 청소년 개인에 대해 잘 이해하기 어렵고, 개인적 관심을 쏟기도 어려워 멘토와 멘티의 친밀한 관계 맺기는 어려운 점이 있다. 다만 집단 멘토링은 잘 모르는 성인과 일대일로 만나기를 꺼려하거나 또래집단과 상호작용 할 수 있는 기회를 원하는 청소년들에게는 적용해 볼 수 있는 방법이다. 현재 진행되고 있는 대부분의 멘토링 프로그램은 일대일 멘토링 관계를 중심으로 하고 있으며 집단 프로그램은 보조적으로 활용되고 있다.

★★★ 지역사회 기반 멘토링 – 학교 기반 멘토링

어디를 기반으로 하느냐에 따라 멘토링은 두 가지로 나뉘어진다. 지역사회 기반 멘토링은 주로 근로청소년이나 학교에 다니지 않는 청소년 또는 일시적으로 학교를 쉬고 있는 청소년들이 멘티가 된다. 주요 멘토링 활동은 여가활동, 문화활동, 사회봉사활동 등이며 부모님들과 많은 교류를 하게 된다. 지역사회를 기반으로 하는 멘토링 프로그램에서는 멘티가 자신의 감정을 파악할 수 있도록 돕거나 다른 사람에 대한 관심을 드러내는 방법을 알려주고, 의사소통 기술을 포함한 대인관계 기술을 깨닫는 등 사회행동상의 변화를 가져올 수 있는 데 초점을 맞추고 있다.

학교를 기반으로 하는 멘토링은 멘티의 학습 성취를 목적으로 하며 교사와 많은 교류를 하게 된다. 학교를 기반으로 하는 멘토링의 경우는 멘티의 성적 향상, 학교에서 행동과 태도 변화, 출석률 향상 등 교육적 성취에 초점을 두고 진행되며 이런 부분에 효과를 기대하게 된다.

그러나 어떤 청소년 멘토링이라 하더라도 청소년 시기에 마쳐야 할 학업과 진로에 대한 방향 설정과 진로 준비를 돕는 일을 무엇보다 중요하게 생각하고 도우려 애써야 한다.

★★★★ 대면적 상호작용 – e_멘토링

멘토링은 당연히 만나서 얼굴을 보며 이루어져야 한다는 기존의 전통적 멘토링 프로그램이 있는가 하면 시대 변화에 따라 이메일이나 온라인상에서 상담을 하거나 학습지원 프로그램을 사용하는 등 온라인 멘토링 프로그램을 통해 성과를 거두어야 한다는 주장이 제기되고 있다(김지선, 2002).

온라인 멘토링은 대면적 멘토링과 같은 친밀한 관계, 인간적인 관계를 맺기가 어렵다. 그러나 대면적 멘토링에서 멘토가 바빠서 시간을 내기 어려울 때, 추가 정보를 제공할 때 등 보충방법으로서 전자우편을 활용하는 것은 도움이 될 수 있다.

멘토링 프로그램의 기본 모델

어느 날 한 지역사회복지관으로 전화 한 통이 걸려온다. 중학교 3학년인 은영에게서 온 전화다. 할머니와 단둘이 살고 있는 은영이는 고교 진학 문제를 놓고 심각한 고민에 빠져 있었다. 과연 자신의 처지에서 고등학교를 갈 수 있는지, 간다면 어떤 계열의 고교를 갈 것인지, 아니면 취업을 해야 하는지 고민이 많았다. 은영이의 고민을 들은 복지관에서는 은영이에게 멘토링 프로그램을 권하기로 결정한다.

이런 결정이 나면 은영이의 사례에 맞는 인적, 물적 자원을 구성해야 한다. 따라서 복지관에서는 은영이를 도와줄 후원자, 멘토, 전문적인 조언을 해 줄 수퍼바이저 등 멘토링 프로그램에 참여할 인적 자원 구성을 서둔다. 재정자원의 확보는 정부 관련 부서나 기업 재단의 지원, 기관의 예산이나 개인 후원금, 기타 복지재단의 지원금 등을 알아볼 수 있다.

멘토링 프로그램의 기본적인 활동은 우선, 프로그램을 홍보하는 것부터 멘토와 멘티의 모집과 선정, 멘토 교육, 멘토 배정, 각 과정의 평가와 연구사업 등 다양하다.

구체적인 활동이 시작될 때 고려해야 할 점을 살펴보면, 첫째, 외조모와 단 둘이 살면서 생활보호 대상자인 은영이처럼 공식, 비공식적으로 사회적 관계망이 부족한 청소년을 우선 선정 대상으로 해야 한다는 것이다. 그 나이에 필요한 적절한 보살핌을 받지 못하는 청소년들을 멘티로 우선 선정해 프로그램을 진행하는 것을 원칙으로 해야 한다.

둘째, 멘토는 대부분 20~30대 연령에 있는 대학생이나 직장인을 대상으로 모집, 선발한다. 나이차가 많이 나면 청소년을 이해하는 데 어려움을 겪을 수도 있기 때문이다. 그러나 멘티가 필요로 하는 특별한 어른이 있다면 적절한 선에서 성인 멘토를 선정할 수 있다.

셋째, 멘토 교육은 부담 없이 이루어져야 한다. 보통 청소년 전문가나 프로그램 담당자가 교육을 진행하는데 경우에 따라 실제 멘토링 프로그램에 참여하여 청소년을 지도해 본 경험이 있는 강사 또는 선배 멘토들의 사례를 들려주는 것도 효과가 있다.

넷째, 멘토와 멘티를 배정하는 일은 멘토링 프로그램에서 아주 중요하고도 어려운 일이다. 사람과 사람의 인연을 맺는 일은 매우 신중히 이루어져야 한다. 멘토와 멘티의 연령, 성별, 직업, 경제적 수준, 학력, 성격, 삶의 경험, 신체적 특징, 취미, 선호도 등 다양한 정보에 기초해 배정이 이루어져야 한다.

고등학교 2학년인 정식이와 대학교 3학년인 수정이의 경우는 멘티와 멘토의 배정에 실패했던 사례로 꼽힌다.

수정이는 정식이보다 키도 작고 나이차도 거의 없는 상태에서 멘토가 되었다. 만남이 지속될수록 정식이는 수정이를 멘토가 아닌 여자친구로 생각하게 되었고, 만남도 정식이 주도하에 이루어졌다. 결국 둘에게 상처만 남긴 채 이 멘토링 관계는 일찍 끝나고 말았다. 사람의 관계에서는 예측할 수 없는 변수도 많지만 멘토링 관계에서는 가능한 변수들을 모두 고려해 멘토와 멘티를 배정하도록 애써야 한다. 보통 연령 차이는 7세 정도가 적당하며, 멘토와 멘티의 거주 지역이 가까우면 좋다. 집이 가까우면 만나기도 좋고, 지역사회 환경에 대한 공감대도 나눌 수 있기 때문이다.

다섯째, 앞서 언급한 정식이와 수정이의 경우처럼 멘토링 관계에서는 예기치 않은 상황이 많이 발생한다. 따라서 이를 지도하고 감독해 줄 경험 많은 수퍼바이저가 꼭 필요하다. 이들은 오랜 경험을 통해 멘티나 멘토가 겪는 문제점을 잘 알고 있고, 적절한 도움도 줄 수 있어 원활한 멘토링 프로그램의 진행에서 중요한 역할을 하게 된다.

여섯째, 멘토링 프로그램을 실천하는 과정에서 나타난 문제점이나 부작용, 혹은 효과나 좋은 점 등을 평가하고 연구하는 일도 무척 중요하다. 진행된 멘토링 프로그램에 대한 정확한 평가와 이를 바탕으로 한 연구를 통해 보다 성공적인 멘토링 프로그램을 진행할 수 있기 때문이다.

멘토링 프로그램에서 얻는 결과를 멘토, 멘티, 지역사회 측면에서 살펴보면, 우선 멘티는 자신이 모델링 할 수 있는 성인 멘토와 개별적인 혹은 집단적인 프로그램을 통해 만나게 되고, 자원봉사활동이나 수련회 등에 참여하게 된다.

멘토의 경우는 청소년문제에 대한 새로운 인식을 갖게 되고 사회에 봉사할 기회를 얻게 된다. 지역사회는 지역주민들이 지역 청소년 문제를 공감하고 인식을 넓힐 수 있는 것이 그 결과가 될 것이다.

성과란 산출된 결과의 효과가 보다 긴 시간 동안 나타나는 무르익은 결과를 말한다. 멘토링을 통해서 청소년이 하루아침에 바뀌기를 기대하는 것은 무리다. 청소년들이 자라면서 서서히 멘토링의 경험과 그 의미를 깨달으며 삶 속에서 그 효과가 나타나리라고 기대해야 된다.

성공적인 멘토링 활동은 초기와 중장기 각 단계에서 얻는 성과를 통해 판단할 수 있다. 멘티 입장의 초기 성과는 멘토를 만나고 좋은 관계를 맺는 것이라 할 수 있다. 중기의 성과는 사회적 지지관계 확보와 대인관계와 일상생활의 능력 향상을 들 수 있다. 장기 성과로는 학습과 생활 태도, 진로준비 등 바람직한 행동을 통해 자신감 향상과 궁극적으로 자기 성장을 이루는 것이라고 할 수 있다.

멘토의 초기 성과는 자원봉사를 통해 청소년과 가까워지며 청소년문제를 이해하는 것이다. 중기 성과로는 청소년을 바르게 자라도록 도왔다는 보람과 성취감을, 장기적인 성과는 사회의 일원으로서의 자긍심과 봉사를 통한 자아실현을 이뤘다는 것이다.

지역사회에서는 먼저 지역주민들이 청소년 문제를 인식하고 멘토링 프로그램을 이해하는 것이며, 중기 성과로 청소년의 올바로 성장에 대한 사회적 책임감을 느끼는 것, 장기 성과로는 지역주민들이 청소년문제에 참여함으로서 행복한 지역공동체를 만들어갈 수 있다는 것이라고 할 수 있다.

〈표 1〉 청소년 멘토링 프로그램 모델

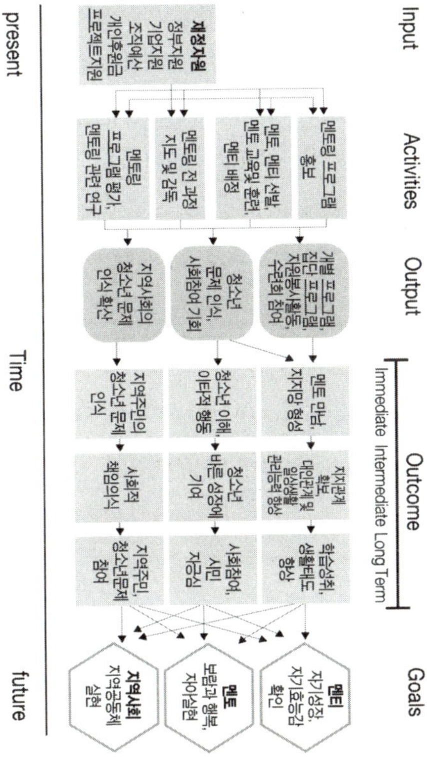

자료 : 박윤숙. 이소래(2002), '비행청소년을 위한 멘토링 프로그램의 효과성 검증과 발전 방향', KYC좋은친구만들기 운동Work shop 자료집, p8

〈표 2〉 멘토링 활동에 대한 생각을 확인해 봅시다
O 또는 ×로 표시하세요.

	멘 토 생 각	○	×
1	멘토는 역할모델로 일상적인 모습보다는 항상 모범이 되는 모습을 보여야 한다.		
2	멘토가 멘티를 존중한다면 멘티의 의견에 무조건 동의해 줄 수 있어야 한다.		
3	비행청소년 대상 멘토링은 구체적인 비행행동 변화를 최우선 과제로 삼는다.		
4	재미있는 활동은 멘토링 활동에 긍정적인 도움을 준다.		
5	멘토링은 멘토의 일방적인 희생이 요구되는 활동이다.		
6	멘티는 멘토에게 자신의 개인적 이야기를 모두 해야 한다.		
7	멘토링은 멘티를 위한 것으로서 멘토가 그 관계나 활동을 즐길 필요는 없다.		
8	멘토와 멘티 사이에 일단 신뢰관계가 형성되면 정기적으로 만날 필요가 없다.		
9	멘토는 멘티의 개인적인 일에 대해 비밀보장을 해야 한다.		
10	멘토는 멘티를 전적으로 책임지는 성인으로 멘티의 어려움을 모두 해결해야 한다.		
11	멘토의 어려움을 공감하여 격려하고 지지해주는 것은 동료 멘토 뿐이다.		
12	수퍼바이저는 멘토의 원활한 활동을 위해 훈련, 지도, 감독을 제공해야 한다.		
13	멘토는 멘토링 활동을 기록하고 보고하는 책임이 있다.		

* 정답은 219페이지 (자료 참조 : 이소래. 이희길, 2002)

멘토가 되기 위한 준비

★ 멘토의 마음가짐

멘토 이선영 씨는 선배의 추천으로 우연히 멘토링에 참여하게 되었다. 자신도 쉽지 않은 청소년기를 거쳤고, 자신처럼 방황하는 청소년을 도울 수 있다면 좋겠다는 생각을 가지고 있었기에 선뜻 활동에 참여하게 되었다. 직업은 청소년 심리나 상담과는 관계가 먼 평범한 학원 강사다.

이선영 씨는 멘토링 교육을 받고 멘티와 결연을 맺고 지낸 지난 1년간을 자신의 인생에서 가장 소중한 시간으로 꼽는 데 망설임이 없다. 멘티가 크게 변화해서 그런 것이 아니라 이 활동을 통해 자신이 누구이며, 자신이 어떤 욕구를 가지고 있고, 무엇을 하며 살아야 하는지 정말 진지하게 고민하게 되었기 때문이다. 갑자기 어른이 된 느낌이라고 할까. 멘토링 프로그램은 멘티와 멘토가 함께 성장할 수 있는 길이라는 설명을 그는 이제 완전히 이해하게 되었다.

KYC 좋은친구만들기운동에서 조사한 결과를 보면, 멘토링 프로그램 멘토 참가자의 직업은 대학생(60%), 회사원(16%), 전문직(16%), 기타 (8%)이다.

이들은 다양한 동기로 멘토링 프로그램에 참여하였다. 어떤 이는 청소년 대상 봉사활동에 참여하고 싶어서, 어떤 이는 먼저 멘토로 참여한 지인(친구)의 적극적인 권유로, 어떤 이는 자신의 청소년 시절 어려움을 기억하면서, 어떤 이들은 자신이 청소년기에 받았던 사랑을 갚기 위해 이 프로그램에 참여한다. 이중 상담이나 사회복지학을 전공하는 학생들은 소수이고 대부분은 전문 지식이랄 게 없는 일반인들이다.

멘토가 되는 데 특별한 조건은 없다. 청소년들을 아끼고 사랑하겠다는 마음이 아마 가장 큰 조건이 될 것이다. 다른 사람을 사랑하기 위해서는 무엇이 필요한가. 바로 나 자신을 있는 그대로 아끼고 사랑해야 하는 일이 우선이다.

멘티에게 좋은 역할모델이 되어주려는 욕심에 일상의 나와는 다른 사람이 되어 멘티를 만날 필요는 없다. 또 그래서도 안된다. 부족하고 결점이 있지만 열심히 살아보려고 노력하는 나, 나를 아끼고 내 자신을 존중하려 애쓰는 마음가짐이 멘토에게 필요한 첫 번째 조건이랄 수 있다.

남을 배려할 줄 아는 마음도 중요하다. 이 세상에 나와 같은 사람은 단 한 사람도 없다. 쌍둥이도 서로 다른 특성과 생각을 가졌다는데 하물며 멘티가 나와 같을 수는 없다. 나와 다르게 행동하고 생각하는 사람을 이해하려는 마음, 왜 그 사람은 그렇게 행동할 수밖에 없었을까 다시 생각해 볼 수 있는 진지함이 멘토링 활동에선 매우 중요하다. 내가 아닌 남의 입장이 되어 생각해 볼 줄 아는 유연함과 융통성이 필요하다는 것이다.

멘토가 된다는 것은 완전한 인간이 되어야 한다는 것은 아니다. 멘티에게 무언가를 일방적으로 주어야 하고, 완벽한 모습을 보여야 하는 경직된 관계가 아니다.

청소년과 함께 하는 멘토링은 흥미진진한 도전이며 큰 경험이라 할 수 있다. 보통 사람이 경험하기 어려운 특별한 관계를 통해 나의 사랑을 나누어주고 더불어 사는 즐거움을 만끽할 줄 알아야 한다. 사회 구성원으로서 어려운 청소년의 짐을 조금 거들어 준다는 마음으로 즐겁게 참여할 수 있어야 한다.

더불어서 내가 돕는 청소년이 현재 별 볼일 없는 말썽꾼이라 하더라도 그들의 가능성을 믿고 지지해 줄 수 있는 마음가짐. 이것이 바로 멘토가 되려는 사람이 가져야 할 자세라 하겠다.

★★ 충분한 사전교육

나눔과 더불어 사는 삶을 실천할 준비가 된 멘토들은 자원봉사로 멘토링에 참여하게 된다. 멘토들은 자원봉사에 시간과 비용을 투자해야 한다는 사실만으로도 봉사하는 삶에 대해서 자연스럽게 배울 수 있다.

그러나 예민한 청소년기의 멘티들을 만나고 신뢰를 쌓아가기는 만만한 일이 아니다. 이들이 원하는 바는 무엇이고, 어떻게 이들의 고민과 욕구를 풀어줄 것인지, 만약 비행 행동에 빠졌다면 어떻게 도와줄 것인지 필요한 기술과 지식을 익혀야 한다. 따라서 활동에 앞서 충분한 사전 교육을 받아야 한다.

멘토 교육을 성실히 받은 후에는 각각의 기관에서 정한 규칙대로 멘티와의 만남을 시작하고, 필요한 활동을 하게 된다. 좋은 친구만들기운동의 경우, 주 1회 이상 멘티와 연락하고, 2주에 1회 이상 만나고, 월 1회는 집단 프로그램에 참여하고 월 1회 수퍼비전 교육을 받는다. 일지도 작성하여 활동에 대한 점검을 하고, 멘토 간의 교류와 친목도모 활동을 통해 멘토링 활동에 대한 애정을 키워나가라고 권유하고 있다.

무엇보다 중요한 것은 멘토 스스로가 자신의 삶에 충실하고 희망을 잃지 않는 건강한 가치관을 가지고 있어야 한다는 것이다. 멘토는 사랑하기를 배우고, 배우기를 사랑하는 것을 게을리하지 말아야 한다.

★★★ 멘토의 역할

청소년 멘토링 프로그램에 참여했던 멘토들이 활동일지에 남긴 글이다.

"민정이가 나에게 자신의 이야기를 조금씩 하기 시작했어요. 나에게 했던 이야기를 다른 어떤 사람에게도 해 본 적이 없다고 하더군요. 전 민정이가 정말 동생처럼 느껴져요."

"저는 승우에게 술을 마시거나 오토바이를 타지 않고도 놀 수 있는 세상이 있다는 것을 보여주고 싶었어요. 그래서 우리 둘이 인터넷을 통해 농구 동아리에 가입해 일주일에 한번씩 게임을 하러 나가요. 승우도 땀을 흘리고 농구하는 것을 즐기지요."

"나의 멘티는 소극적이예요. 요즘 학교생활이 어떠냐고 물으면 그저 그렇다거나 잘 모르겠다고 이야기해요. 그래서 저는 어떤 프로그램이나 이벤트를 가지고 만나려고 노력하고 있어요."

"나는 민수가 나와 다른 생각을 가지고 있다고 해서 그것을 고쳐야 한다고 생각하지 않아요. 그것이 위험한 것이 아니라면요. 그러나 나의 생각을 민수에게 말해주며 민수가 선택할 수 있는 기회를 줄 거예요. 내가 억지로 민수의 가치관을 바꿀 수는 없잖아요."

멘토는 인생의 조언자이고 스승이고 선생님이지만 무엇보다 친구가 되어야 한다는 것을 알 수 있다.

멘티가 원하는 것, 고민하는 것을 파악하고 멘티의 성격과 처지에 맞는 대안을 고민해 그들이 성숙한 어른으로 자랄 수 있도록 도와야 한다. 멘토링에 참여했던 멘티를 대상으로 프로그램 만족도를 조사해 보면 '힘이 되는 인생의 선배를 만났다, 좋은 어른의 역할을 보고 배울 수 있었다, 재미있는 시간을 보낼 수 있었다는 답변이 주를 이룬다.

멘토링 프로그램에 멘토가 할 일은 무엇인지 바로 이런 답변에서 해답을 찾을 수 있다.

:: 역할1. 멘토는 훌륭한 청취자여야 한다.

대부분의 경우에 멘토가 멘티의 관심과 고민, 문제를 들어줄 유일한 사람이므로 멘토에게는 네 개의 귀가 필요하다. 멘티가 말하는 것을 듣는 귀, 멘티가 몸으로 말하는 것을 듣는 귀, 멘티가 항상 피하고 말하지 않는 주제를 듣는 귀, 멘티의 말 속에 숨겨진 의미를 듣는 귀.

:: 역할2. 멘티가 장단기 목표를 설정하도록 돕는다.

당장 먹고 사는 것이 고민인 사람에게 철학 강의는 의미가 없다. 그러나 인생 전체를 보면 삶의 철학에 따라 먹고 사는 문제를 해결할 수도 있다. 멘티가 겪고 있는 눈에 보이는 고민을 들어주고 적절한 해결책과 방향을 제시함과 동시에 장기적인 목표를 세울 수 있도록 도와야 한다.

:: 역할3. 적극적인 생활자세를 갖도록 돕는다.

멘티 호준이의 경험담이다.

"제가 자동차 정비에 관심이 많다고 했을 때 형은 내게 정비 기사 아저씨를 소개해 주고, 어떻게 자격증을 딸 수 있는지 함께 알아봐 줬어요. 이제 내 꿈이 막연해 보이지만은 않아요."

즉 그들이 생활 속에서 변화할 수 있도록 구체적인 행동들을 제안하고 이의 실현을 돕는다는 것이다.

:: 역할4. 학교 밖의 사회에 대한 관심을 갖도록 돕는다.

도서관, 일자리, 건전하고 증명된 장소들에 대한 현장방문 등을 포함하게 된다. 대형서점, 대학교, 박물관, 미술관, 소방서, 방송국, 왕릉, 양로원, 국회 등 멘티가 관심을 갖는 장소나 가 본 적이 없는 시설 등 멘티의 눈을 넓혀 줄 수 있는 곳을 방문해 본다.

:: 역할5. 일주일에 2시간 이상 함께 활동한다.

일주일에 2시간 이상 멘티의 성장과 발전을 위해 멘티와 함께 활동하는 것이 좋다. 멘토에게 시간은 금이며, 그 멘토의 황금처럼 소중한 시간은 멘티 인생의 보물 같은 시간일 것이다. 자주 만나면 미운정, 고운정이 들고 신뢰가 쌓인다는 사실을 기억한다.

:: 역할6. 학교생활에 적극적으로 참여하게 돕는다.

학교의 모든 일에 멘티가 관심을 보이고 적극적으로 참여할 수 있도록 도와야 한다. 지각이나 결석, 숙제, 선생님이나 선후배들과의 관계, 학업성적 등에 대한 구체적인 약속을 정하여 이를 지키면서 조금씩 학교생활을 적응하게 하는 것도 한 방법이다. 학교가 전부는 아니지만 학교는 사회로 나가는 중요한 관문이다.

:: 역할7. 시간을 엄수해야 한다.

계획된 멘토링에 진지하고 헌신적으로 임하며, 시간을 엄수해야 한다. "은미에게 한강 유람선을 태워주기 위해 인터넷을 뒤지고, 다녀온 친구들에게 묻고, 코스며 일정을 머리에 그렸다. 은미가 좋아하면 좋겠다." 멘토 이정민 씨의 활동일지 중

:: 역할8. 멘티의 신뢰도를 높여야 한다

멘토에 대한 멘티의 신뢰는 성공적인 멘토링의 기초다.

멘티의 말과 행동을 평가나 판단 없이 들어주기. 멘티가 말한 내용을 조사하거나 따지지 않기. 멘티의 행동이나 패턴을 이해하려고 노력하고 멘티를 인격적으로 존중하고 믿는다는 것을

확실히 전달하기를 염두에 둔다.

그러나 멘티를 믿는 것이지 그의 잘못된 행동이나 말에 무조건 동의하는 것이 아니라는 점을 명확히 해야 한다.

:: 역할9. 적극적인 역할모델이 되어주어야 한다

누군가 나를 닮고 싶은 사람 1순위에 올려놓는다면 얼마나 행복한가. 멘티가 성숙한 사회인이 될 수 있도록 나의 적극성, 성실성, 솔직함, 인내심 등 건강한 어른으로서의 장점을 유감없이 보여주자.

:: 역할10. 상황이 아무리 안 좋아도 희망은 있다는 것을 알려준다.

희망은 멘티의 의지에 달려있다는 것을 알려 주어야 한다. 하늘이 무너져도 솟아날 구멍이 있다고 했다. 그 솟아날 구멍을 잘 찾는다면 넓은 하늘로 비상할 수 있다는 것을 알려주도록 노력하자.

★★★★ 멘토의 가치

이 세상에는 어쩔 수 없이 해야 하는 일들이 있다. 먹고 살기 위해 출근을 해야 하고, 상사의 잔소리도 얼굴 찌푸리지 않고 들어야 하고, 길을 건널 때는 건널목을 이용해야 하고……

나의 느낌이나 좋고 싫음과는 상관없이 해야 하는 일들로 사람들은 하지 않아도 되는 일엔 되도록 나서지 않으려 한다. 귀찮고 피곤한 일이라면 피해가는 게 상책이라고 생각하는 게 어쩌면 당연한 일일지도 모른다.

그런데 이렇게 어려운 일을 누가 시키지 않는데도 찾아나서는 사람들이 있다. 바로 자원봉사자들이다. 그들은 두리번거리며 세상을 돌아볼 줄 아는 사람들이다. 나 아닌 다른 사람에게 관심을 갖고 그들과 함께 걸으려고 애쓰는 사람들. 대가를 바라지 않으며 나를 희생하려는 사람들. 멘토도 그 아름다운 사람들 중 하나다.

멘토는 누구의 강요에 의해서 할 수 있는 일이 아니다. 낯선 청소년을 그것도 비행을 저질렀거나 학교, 사회에 잘 적응하지 못하는 청소년을 만나야 하는 낯설고도 조심스러운 일이다. 또 이들을 만나 적절한 행동의 변화를 가져와야 한다는 부담감도 적지 않다.

짧은 멘토링 기간 중에 청소년이 180도 바뀌기는 어렵지만 적어도 변화의 분위기라도 감지해야 한다는 의무나 책임감도 느끼게 된다. 이를 위해 시간을 쪼개야 하고, 비용도 감당해야 한다. 이 복잡하고 고단한 일이 모두 스스로 원해서 하는 자원봉사활동이다.

그런데 멘토가 청소년 전문가는 아니라는 사실을 기억해 둘 필요가 있다. 멘토는 청소년이 건강한 성인으로 자랄 수 있도록 도우려는 마음 하나로 멘토링 프로그램에 참여한 비전문가들이다. 이렇게 자발적인 참여로 이뤄지는 멘토링이지만 전문가 못

지않은 능력을 발휘하는 멘토들도 많다. 우선, 그들은 사랑과 정성을 쏟을 준비가 되어 있는 사람들이기 때문이다.

직업이기 때문에, 돈을 벌기 위해 청소년을 만나는 것이 아니라, 가슴으로 그들을 이해하고 돕고 싶어서 활동에 참여한 사람들은 인간적인 교감을 나눌 수 있는 준비가 충분히 되어 있으므로 시간적으로도 유리하게 된다. 만남의 시간이 제한되어 있지 않고, 기간도 6개월에서 1년이란 짧지 않은 시간 동안 꾸준히 만남이 이루어질 수 있다. 오래 만나다 보면 신뢰가 쌓이고, 시간을 갖고 멘티의 마음을 열고 어루만져 줄 수 있게 된다.

또한 비전문가이기 때문에 형이나 누나, 언니처럼 친근한 관계를 맺기가 수월하고 그들과 제한되지 않은 공간 – 공원, 놀이동산, 박물관, 찻집 등 –에서 자유롭게 만날 수 있다.

뿐만 아니라 자원활동으로서의 멘토링은 멘토와 멘티의 결연을 맺을 때 거주 지역이 비슷하게 맺는다는 점에서 같은 지역사회에 사는 지역민으로 공감대를 얻는다. 이러한 장점들이 비전문가이면서 자원봉사자인 멘토들이 훌륭한 성과를 거둬들이는 이유가 된다.

★★★★★ 멘토가 가져야 할 원칙

나를 믿어주고 아껴주는 사람에 대한 그리움. 그것이 가족이거나 친구거나 선생님이거나 그 누구건 간에 나를 버티게 하는 디딤돌이 될 수 있는 관계를 그리워하는 것은 요즘 시대를 살아가는 이들의 공통된 바람이 아닐까. 언제나 나를 최고라고 말해준 당신이 있어 행복하다는 어느 영화 속의 대사는 멘토링에 참여하는 멘토들이 되새겨볼 만한 화두이다.

대부분의 멘토링은 서로에게 유익한 시간이 되지만 간혹 멘티에게 상처를 남기는 경우도 있다. 어른이나 사회로부터 따뜻한 대접을 받아 본 경험이 많지 않은 멘티는 작은 행동이나 말투에서도 상처를 입는 경우가 종종 있다. 반대로 멘토의 경우에도 멘토링 활동과 일상생활의 양립에 실패해 허둥대는 경우가 생기기도 한다. 따라서 멘토는 몇 가지 원칙을 생각하며 멘토링 활동에 임해야 한다.

:: 원칙1. 인간 존엄성과 가치존중

김광식 씨는 성추행 경험이 있는 준이의 멘토였다. 그는 자신의 가치관으로는 도저히 용납할 수 없는 성추행이란 비행을 저지른 준이를 이해하고 받아들이기가 무척 힘들었다. 그에게 멘토링은 자신과는 다른 타인을 받아들이는 힘겨운 과정이었다.

그러나 그는 준이와의 멘토링 동안 준이를 많이 이해하게 되었고, 준이도 자신의 잘못을 뉘우치는 모습을 보였다. 김광식 씨는 준이의 과거 행동을 찬성할 순 없지만 준이와 신뢰를 쌓으며 좋은 형, 동생 관계를 유지하고 있다.

멘토는 멘티의 존엄성과 가치를 존중해주어야 한다. 그들의 능력, 신체적 특성, 종교, 경제적 수준 등 자신과는 다른 그들의 모습을 있는 그대로 받아들여야 한다. 멘티가 잘못한 점에 대해서는 지적을 해야겠지만 멘토는 수사관이나 검사가 아니고 인생의 조언자란 점을 기억해야 한다. 범죄나 비행이 아니라면 멘토가 받아들이기 어려운 상황이라 하더라도 가능하면 멘티를 이해하고 그들 스스로 올바른 길을 찾아 갈 수 있도록 도와야 한다.

존중 받는다고 느낄 때 멘티 역시 멘토를 존중할 것이다.

:: 원칙2. 봉사와 헌신

멘토링은 멘티가 바르게 성장하게 돕고 어떤 처지에 놓여 있더라도 건강한 사회인으로 자랄 수 있는 사회를 추구하려는 공익적인 활동이다. 따라서 멘토링에 참여한 멘토는 경제적, 시간적, 정신적 노력을 아끼지 말아야 한다. 조건 없이 나누고 베푸는 멘토의 모습은 그 자체로서 멘티에게 좋은 귀감이 될 수 있다.

:: 원칙3. 관계지향적 태도

멘토는 멘토링 활동을 통해 많은 사람들을 만나게 된다. 멘티와 멘티의 가족, 선생님, 멘토링 수퍼바이저, 멘토링 담당 기관의 직원, 다른 멘토들과 멘티…. 이렇게 많은 관계는 사회적 관계망이 약한 멘티에게 물심양면의 도움을 주기 유리하고, 멘토로서의 아이디어와 편의를 제공받을 수 있다.

뿐만 아니라 멘토의 관계지향적인 태도는 멘토링 프로그램에 대한 이해와 관심을 높여 멘토링 자체에도 효과를 볼 수 있다. 언제 어디서든 가장 귀중한 자원은 사람임을 기억하자.

:: 원칙4. 사회정의

멘토링에 참여하는 청소년 중에는 보호관찰 중인 청소년, 비행경험이 있는 청소년 등 위기에 처한 청소년들이 많다. 따라서 멘토는 그들이 학교에 잘 다니고, 학업 성취를 높일 수 있도록 도와야 하지만 범죄나 비행의 재발방지에도 관심을 가져야 한다.

멘토 김민주 씨와 멘티 철이는 좋은 관계를 유지하고 있는 사이다. 어느날 철이는 열쇠가 꽂혀 있는 남의 오토바이를 타고 놀았다며 자랑 삼아 이야기했다. 멘토는 철이의 행동이 얼마나 위험하며, 왜 해서는 안 되는 행동인지 분명하게 말해주었다. 자신은 철이를 좋아하지만 철이나 다른 사람이 위험에 빠질 수 있는 행동을 해서는 안 된다는 것을 차근차근 설명해준 것이다. 둘 사이에는 신뢰가 있었으므로 철이는 멘토의 말을 알아듣고 조심하기로 약속했다.

멘토는 사회를 유지하기 위해 지켜야 하는 규범이나 규칙이 있고, 그것이 사회를 유지하는 중요한 수단임을 일러주어야 한다. 그리고 이런 사회 정의에 위배되는 행동을 했을 때의 적절한 대처법을 찾아야 할 것이다.

:: 원칙5. 능력

멘토는 스스로 원해서 멘토링에 참여했지만 자신의 일상생활과 멘토링을 잘 조화해 나가는 것은 무척 어려운 일이다. 자신의 문제와 멘티의 문제가 뒤엉켜 도저히 멘토의 역할을 수행할 수 없는 지경에 이르는 멘토도 간혹 있다. 이렇게 멘토가 받아들일 수 없는 한계에 이르면 멘토 개인에게도 그렇고 자신이 책임지고 있는 멘티에게도 위험한 상황이 생길 수 있다.

이 때는 기관의 담당자나 수퍼바이저의 도움을 받아 적절한 조치를 취해야 한다. 자기 능력을 과신하거나 남의 눈을 의식해 그릇된 판단을 하지 않도록 자신을 들여다 볼 줄 알아야 한다.

:: 원칙6. 철저한 자기관리

직장에서는 능력 있는 사원으로, 아이들의 좋은 엄마로, 남편에겐 둘도 없는 부인으로, 며느리로, 딸로 쉴 새 없이 뛰어다니는 여성들이 있다. 이들은 모든 일을 일사천리로 처리할 만한 능력도 없으면서 수퍼우먼 흉내를 내느라 죽을 지경에 이르게 된다. 수퍼맨 혹은 수퍼우먼 콤플렉스에 빠진 멘토들은 모든 것을 완벽하게 하지 못할 때 불안, 초조, 죄책감에 시달리게 된다.

정도의 차이는 있지만 뭐든지 잘 해야 한다는 생각에 사로잡혀 있는 사람들은 의외로 많다. 경쟁을 권하는 사회, 1등만이 최고의 가치인 사회가 만들어낸 허구의 개념에서 자유롭지 못한 때문이다. 직장생활, 자녀 양육, 가정생활을 완벽하게 해낼 수 있는 사람이 어디 있겠는가.

멘토링 중에 때때로 이런 문제에 부딪혀 고민하는 모습을 보는 경우가 있다. 처음 가졌던 의도나 동기가 약해질 수도 있고, 멘토의 가정이나 직장에서 문제가 발생할 소지는 얼마든지 있기 때문이다. 이때는 자신의 상태를 받아들이고 이 둘을 조화시키기 위한 자기관리 능력을 발휘해야 한다. 수퍼맨이 아닌 평범한 사람으로 타협을 해야 한다는 말이다.

인터넷이나 전자우편을 통환 온라인 멘토링을 활용한다거나 집단 멘토링을 요청할 수도 있고, 멘티와 새벽 운동을 한다거나 점심식사를 같이 하는 식으로 시간을 효율적으로 활용할 수 있다. 가능하다면 멘티의 도움을 받아 일을 처리해 보는 것도 좋은 방법이 될 수 있다. 완벽하지 않으면 안 된다는 경직된 생각은 멘토에게도 고통이며, 멘토링의 존립 자체도 어렵게 할 수 있다. 때에 따라서는 유연성이 미덕일 수도 있음을 기억하자.

ⓣⓘⓟ 2.
멘토의
자기관리를 위한 조언

① 멘토링을 생활 속에서 즐겨라

멘토링은 멘토의 에너지를 멘티에게 일방적으로 주는 활동이 아니다. 멘토 역시 멘토링 활동 안에서 에너지를 얻을 수 있다. 그러므로 멘토링 활동에 대한 부담감을 버리고, 눈에 보이는 멘티의 변화를 기대하기보다는 장기간 동안에 나타날 결과를 기대하며, 즐거운 일상의 관계 속에서 활동하라.

② 유연성과 융통성을 발휘하라

멘티와의 만남이나 활동 내용은 상황에 따라 조금 변경하는 것도 좋다. 현실적인 상황이 기관에서 정해준 만남 횟수와 상담 내용, 시간 등이 그대로 적용하기에 부담이 되고 경직성이 느껴질 수도 있다. 이러한 멘토의 부담은 멘토링 활동에 부정적인 영향을 미칠 수 있으므로 자신의 시간적 여유를 고려하여 만남 횟수와 시간을 정할 수 있다. 직접 만남 대신 전화나 E-mail 등을 통한 대화나 멘티에게 적당한 과제를 주는 것 등 다양한 방법으로 멘토링 활동을 풍부하게 할 수 있다.

누군가가 필요한 십대들의 이야기

듣지도 말하지도 보지도 못하는 한 소녀가 있었다. 암흑 속에 갇혀 짐승처럼 지내던 이 어린 소녀를 세계 시각장애인복지에 헌신하는 이로 키운 사람, 바로 헬렌 켈러의 설리반 선생이다.

설리반 선생은 헬렌 켈러를 만난 직후 바로 알아차렸다. 짐승처럼 웅크린 소녀의 잠재력과 또 자신과의 깊은 인연을. 헬렌 켈러의 부모는 설리반 선생을 찾았고, 설리반 선생 역시 헬렌 켈러를 선택함으로서 삼중의 고통을 이긴 위대한 인물을 길러낼 수 있었다.

흔히 음식도 약도 사람관계도 궁합이 중요하다고 한다. 궁합이 잘 맞는 사람을 만나면 관계는 훨씬 발전적으로 유지될 수 있다. 헬렌 켈러와 설리반 선생도 장금이와 한상궁도 모두 궁합이 잘 맞는 사람들이었다.

그러나 궁합이 저절로 맞춰지는 것은 아니다. 서로를 이해하고 알아가는 과정에 남보다 더 노력하고 더 관심을 기울일 때 비로소 궁합이 잘 맞는 관계로 발전될 수 있다.

★ 멘토 찾기, 멘티 찾기

멘토링도 서로 잘 맞을 것 같은 멘토와 멘티를 찾는 것에서 시작된다. 멘토를 찾고, 멘티를 선정해 연결하는 일은 멘토링의 시작이자 멘토링의 성패를 좌우할 만큼 중요하다.

멘티 선정에는 앞서 밝혔듯이 물적, 인적 자원이 빈약한 청소년을 우선순위에 두어야 한다.

주위에 도움을 줄 만한 어른을 갖지 못한 청소년, 비행 경험이 있는 청소년, 북한 이주 청소년, 장애 청소년 등과 같이 어려움을 겪고 있는 청소년을 우선 선정하게 된다.

이런 멘티를 찾을 때는 프로그램의 목적이 무엇인가를 따져보고, 학교를 기반으로 하는 경우는 학교 측의 도움을 받아, 지역사회를 기반으로 하는 경우는 지역의 보호관찰소, 동사무소 또는 지역사회복지관 등을 통해 추천 받는다. 이 밖에도 사회 곳곳에 있는 지지체계가 부족하고 역할 모델이 필요한 청소년은 모두 멘티가 될 수 있다.

많은 청소년들 중에서 어떤 청소년이 멘토링 프로그램의 도움을 필요로 하는지 판단해야 할 때는 절대적인 조건은 아니지만 다음 페이지의 ⓣⓘⓟ3을 기준으로 삼을 수 있다.

ⓣⓘⓟ 3.

위험에 처한 청소년의 확인조건

학교생활에 어려움을 겪는 청소년

· 적어도 또래보다 두 학년 이상 뒤쳐지는 청소년

· 교사가 훈육하기에 문제가 있는 청소년

· 학습 등 문제를 일으켜 방과 후 학교에 자주 남아야 하는 청소년

· 무단결석이 잦은 청소년

· 정학 조치된 청소년

· 교사와 잘 어울리지 못하는 청소년

사회 환경적으로 어려움을 겪는 청소년

· 경제적으로 형편이 어려운 청소년

· 청소년 자신 또는 부모의 마약과 알콜 중독, 가정폭력

· 성적 행동을 나타내고 조기에 부모가 되는 청소년

· 학업과 돈을 벌어야 하는 이중부담을 가진 청소년

· 보육시설 및 보호기관 거주 청소년, 또는 한부모 가정 청소년

· 범죄 또는 비행청소년

· 감정적, 신체적인 장애를 가진 청소년

기타 여러 가지 이유로 지지체계가 부족하거나 역할 모델이 필요한 청소년

★★ 청소년기는 무엇인가

인간과 인간의 만남을 통해 변화를 모색하는 청소년 멘토링 프로그램에서 늘 염두에 두어야 하는 것이 바로 입장 바꿔서 생각하기다.

청소년들은 어른들로서는 이해하기 어려운 독특한 세계를 가지고 있다. 도저히 좋아할 수 없을 것 같은 음악을 듣고, 이상한 옷을 입고, 자기들끼리 모여서 웅성거린다. 멘티와 좋은 관계를 맺고 멘토링 프로그램을 훌륭하게 진행하기 위해서는 청소년기에 대한 이해가 필수적이다.

청소년기의 특징이 모든 청소년들에게 일률적으로 나타나는 것은 아니지만 약간의 시차를 두고 비슷한 양상을 띠는 경우가 많아 청소년기의 특성은 미리 파악해 둘 필요가 있다.

"우리는 두 번 태어난다. 한번은 생존을 위하여 태어나고, 또 한번은 생활하기 위해 태어난다."

루소는 청소년기를 제2의 탄생이라고 했다. 새로운 탄생을 위해 육체적, 정신적 변화들이 나타나게 되는데 가장 두드러진 것은 신체의 변화다. 남자는 아버지가 될 준비를 하고, 여자는 어머니가 될 준비를 하게 되는데 이를 관장하는 것은 호르몬이다.

호르몬은 생리적 기능을 조정해 주는 물질로 남성과 여성의 성징을 두드러지게 해준다. 원래 인간은 태어날 때 남성, 여성 호르몬을 모두 가지고 있는데 어릴 때는 별 차이가 나타나지 않다가 청소년기에 이르면 남성은 남성호르몬인 안드로겐(androgen)이, 여성은 여성호르몬인 에스트로겐(estrogen)이 왕성하게 분비

되며 신체의 변화를 가져오게 된다. 이 호르몬의 분비로 인해 남자는 외부 생식기의 발육, 신장의 증가, 목소리의 변화 등이 나타나고, 여자는 가슴과 자궁의 발달, 초경, 뼈대의 변화 등이 나타나게 된다.

인간의 발달단계에서 가장 왕성한 신체적 발육이 일어나는 시기의 이런 급격한 신체의 변화들은 청소년들에게 커다란 영향을 미치게 된다.

청소년기에는 자신의 신체에 나타나는 변화를 보면서 신체에 대한 관심이 지나칠 정도로 커진다. 하루 종일 거울을 보며 여드름이 줄었는지, 가슴이 나왔는지를 따진다. 커져가는 자신의 신체에 맞는 옷이며 헤어스타일을 고집해 부모와 실랑이를 벌이기 일쑤지만 아무리 설득을 하고 야단을 쳐도 잘 듣지 않는다.

또 자신의 신체구조 변화를 친구들과 비교하면서 자신의 신체 발달이 정상인지 아닌지 고민하고 때로는 열등감에 빠지기도 한다.

열세 살 진혁이의 엄마는 여름 내내 진혁이와 씨름을 했다. 다른 아이들보다 키가 크다는 이유로 어깨는 늘 구부정해서 다니고, 다리에 자라기 시작한 털 때문에 반바지를 입지 않겠다고 버티는 통에 아침마다 큰 소리가 나왔고, 결국 땀띠까지 나서 고생을 했다. 다른 아이보다 커도 고민이고 작아도 고민, 생리를 먼저 해도 고민이고 안 해도 고민인 아이들. 친구와의 비교가 무의미한데도 이 시기 청소년들은 끊임없이 비교하면서 자신이 정상인지 아닌지를 저울질한다.

물론 이런 현상은 자연스러운 것이지만 신체에 대한 평가를 어떻게 하느냐는 성인이 됐을 때 성격이나 자아존중감, 대인관계 형성에 중요한 변수로 작용할 수 있다.

성호르몬의 왕성한 분비로 성적 욕구를 가져오며, 이런 성적 욕구는 죄의식이나 충동 조절의 어려움을 가져오는 경우도 생기게 된다. 일생 중 가장 왕성하게 성호르몬이 분비되기 때문에 성에 관심을 갖거나 성적 욕구를 갖는 것은 자연스러운 현상이다.

하지만 상당수의 청소년들은 성적 욕구를 갖는 것에 대해 심리적 불안감이나 수치심, 죄책감을 가지고 있다. 이것은 우리 사회가 갖고 있는 성에 대한 부정적인 생각을 청소년들이 미리 습득한 것이기도 하고, 올바른 교육을 받지 못한 때문이기도 한데 이런 성적 충동을 제대로 조절하지 못하여 임신, 근친상간, 이상 성행위, 성폭행 문제 등을 일으키기도 한다.

청소년 문제의 많은 경우가 성적인 문제에서 나오므로 멘티들의 이런 성적인 특성을 잘 알고 적절히 지도해 주어야 한다.

ⓣⓘⓟ 4.
청소년기의 인지적 특성

① 아동들은 눈에 보이는 것만을 믿고 이해한다. 그러나 청소년이 되면 논리적이고 추상적인 사고가 발달하여 보이지 않는 세계에 관심을 갖게 되고 '나는 누구인가' 라는 의문을 갖게 되며, 주위 환경과의 상호작용을 통해 자아정체감을 찾아가게 된다. 자아정체감이 형성되고 내가 보는 나와 타인의 눈에 비치는 내가 조화를 이룰 때 세상에서 유일한 존재라는 실존의식을 갖게 된다. 이런 자아정체감의 형성은 자신과 타인에게 신뢰감을 주고 정신적 안정감을 주어, 삶의 가치를 분명하게 해 준다. 즉 나와 나의 미래에 대해 고민하고, 나의 생각을 구체적으로 키워갈 준비를 하는 것이 청소년기의 인지적 특성 중 하나다. 그러나 반대로 청소년기에는 자아정체감의 위기를 경험하기도 한다. 자신을 있는 그대로 받아들이지 못하고 미래에 대해 불안해하며, 이에 대처할 자신의 잠재력을 믿지 못할 경우에 그렇다. 또한 자신에게 주어진 역할에 대해 반발하거나 도피함으로서 자신의 갈등을 해소하려는 경향도 가지고 있다(정영윤, 1992).

② 청소년기에는 남에게 자신을 드러내고자 하는 의식이 유난히 강하다. 길을 걸을때 남들이 자신만을 쳐다본다고 생각하거나 많은 사람들 중에서 유난히 자신이 두드러져 보인다고 느낀다. 또는 자신이 아주 특별한 존재라고 여기며 나는 특별한데 남들이 그것을 몰라준다고 생각한다. 청소년기의 이런 자기중심적 특성은 가상청중(Imaginay audience)이나 개인적 우화(personal fable)의 개념으로 설명하기도 한다. 가상청중이란 청소년기에 나타나는 과장된 자의식을 반영하는 개념으로 자신이 타인의 집중적인 관심과 주의의 대상이 되고 있다고 생각하는 것을 말하며, 개인적 우화란 청소년이 자신을 특별한 존재로 여기는 경향을 의미한다. 예를 들면 이 세상에 자신을 진실로 이해해 주는 사람은 아무도 없다고 생각하거나 또는 자신은 특별한 사람이기 때문에 위험으로부터 안전하다고 생각하는 경우 등이다. 간혹 또래 집단을 대상으로 집단 폭력행동을 하면서도 소년원이나 감옥에 가는 것과 같은 위험상황은 자신에게 일어나지 않을 것이라고 생각하는 청소년들이 있는데 바로 이런 인지적 특성 때문에 나타나는 생각이다.

③ 청소년들은 기성세대의 도덕성을 질타하며 결벽증에 가까운 모습을 보이기도 하고, 반대로 상식적인 도덕을 부정하며 일탈된 모습을 보이기도 한다. 이렇게 도덕적 가치기준의 혼란스러움을 보이는 것도 청소년기의 특성중 하나라 할 수 있다. 청소년들의 도덕적 사고와 행동은 그들의 인지적 성숙과 사회 환경적 역할 변화에 영향을 받는데 도덕성 퇴행과 도덕적 상대주의 개념으로 설명할 수 있다.

첫째, 도덕성 퇴행은 말 그대로 도덕성에 대한 정신발달 단계 이전으로 돌아가 더 미숙한 행동을 하는 것을 말한다. 퇴행은 여러 시기에 나타난다. 동생을 본 아이가 갑자기 오줌을 싸거나 손가락을 빠는 등의 행동을 보이는 경우가 이에 해당한다. 자아정체감의 성립과정에 있는 청소년들이 사회적 규범과 도덕을 잘 지키다가 갑자기 사회적 구속을 벗어나기 위하여 규범을 지키지 않는 단계로 옮겨가는 경우를 말한다. 그러나 이런 현상에 대해 이것은 구조적인 후퇴가 아니라 더욱 고단계의 도덕 수준으로 발전해 나가기 위한 이행과정이라고 해석하는 학자들도 있다. 전진을 위한 일보 후퇴의 과정으로 보고 있는 것이다.

둘째, 도덕적 상대주의란 모든 사람들이 준수해야 할 객관적이며 보편타당한 도덕률을 부정하고 개인적이며 주관적인 관점에서 도덕성을 판단하는 것을 의미한다.

이처럼 청소년기에는 자아정체감을 형성해가는 과정에서 일시적으로 도덕성의 퇴행과 도덕적 상대주의 특징을 보이기도 하는 것으로 알려져 있다.

그러나 이것은 콜버그(Kohlberg. Lawrence)가 말한 것과 같이 더 높은 단계의 도덕 수준으로 발전해 가는 과정으로 이해할 수 있을 것이다.

캐롤 길리건(Carol Gilligan)은 청소년기의 인간관계에서는 보살핌, 책임, 애착, 희생 등을 강조하는 대인도덕성이 발달하여 자기이익을 지향하기 보다는 타인을 배려하고 책임지려는 이타적인 부분이 크게 발달한다고 강조(홍봉선 외, 2006)하고 있는데 이 역시 청소년기의 중요한 도덕적 특징이라 할 수 있다.

★★★ 독립을 준비하는 시기

굴러가는 낙엽만 봐도 웃음이 나고 연애소설을 읽다보면 눈물이 주르르 흐르기도 한다. 별 것 아닌 일에 짜증을 내며 감정의 기복이 심해진다. 이처럼 자신도 자기 마음을 종잡을 수 없는 정서적 불안정이 사춘기의 특성이라고 할 수 있는데 이 특징들을 구체적으로 살펴보자.

첫째, 감정의 기복이 심하고 예민해진다. 청소년기 자녀를 둔 부모들은 종종 살얼음판을 걷는 것 같다는 표현을 쓴다. 하루에도 열 두 번씩 마음이 바뀌고 사소한 일에도 쉽게 예민해지고 우울해하며 낙담도 잘 한다. 갑자기 화를 내거나 짜증을 내기도 하고 기분이 좋아지기도 하는 등 불안정한 감정 상태를 보인다.

둘째, 수줍음이 많아진다. 지나치게 남을 의식하기 때문에 마음과 행동이 자유롭지 못하고, 특히 이성 앞에서 부끄러움을 많이 느낀다. 남성이라면 여학교 앞, 여성이라면 남학교 앞을 지나가려면 얼굴이 화끈거려 먼 길로 돌아갔던 기억을 한번쯤은 가지고 있을 것이다. 그러나 종종 수줍음을 감추기 위해 겉으로는 과장된 행동을 보이기도 한다. 여학생이 많이 탄 버스 안에서 지나치게 큰소리로 떠들던 남학생의 모습을 상상해 보자.

셋째, 열성적이며 호기심과 모방성이 강하다. 어떤 일에 쉽게 흥분하며 현실감을 잃고 곧잘 열중해서 그 일에 빠진다. 좋아하는 시를 줄줄 외우고 다니고, 동아리 활동에 푹 빠지기도 하며, 연애소설을 읽으며 자신이 주인공이 되는 공상에 빠지기를 즐긴다. 또한 관심사가 가정에서 지역사회로 확대되기 시작하면서 귀가시간이 늦어지고 외출이 잦아지기도 한다. '오빠부대' 라는 말처럼 우상을 만들어 맹목적으로 추종하는 경향도 나타낸다.

청소년기는 또한 어른이 될 준비를 하는 시기다. 몸은 빠르게 어른의 모습으로 바뀌게 되고, '난 다 컸다' 는 생각과 함께 부모로부터 독립하려는 경향이 강해져 부모와 잦은 갈등을 일으킨다. 대신 친구들에게 유대감을 느끼며 또래집단에 몰두하게 된다.

엄마는 몰라도 돼요, 내가 알아서 할래요, 내 인생이니까 내 맘대로 할 거야라는 말을 수시로 내뱉는 수연이. 엄마 박혜진 씨는 요즘 딸에게 섭섭한 감정이 이만저만이 아니다. 엄마랑 사이가 좋던 딸이 어느 날부터는 말도 잘 하지 않고 집에 있는 시간도 줄어들었다. 학교생활도 묻는 말에만 마지못해 대답하고, 집에 오면 자기 방에서 잘 나오려고 하질 않는다. 박혜진 씨 눈에는 아직도 어린 아이로만 보이지만 수연이는 이제 어른이 될 준비를 하고 있는 것이다.

부모의 보호 아래 부모의 뜻대로 자라던 아이는 신체적으로 어른이 되어감과 동시에 정신적으로도 부모로부터 독립해 한 사람의 인격체로 자신을 인식하게 된다. 이렇게 되면서 애착대상이 부모에서 친구들로 바뀌게 되고 부모와는 다른 가치관이나 생각을 갖게 된다. 이러한 청소년들의 분리 노력은 성인으로 독립하는 데 있어 절대적으로 필요한 요소이다.

그러나 청소년이 이런 독립선언을 한다고 해서 부모를 완전히 몰아내는 것은 아니며 행동은 반항적일 수 있지만 정서적 유대감까지 사라지는 것은 아니다. 일부 부모들은 자신에게 반항하고 말을 듣지 않는 자녀를 이해하기 힘들어 한다. 청소년의 분리되고자 하는 심리을 자연스런 성장과정으로 인정하지 않고 부모에 대한 도전이나 반항으로 인식하게 되면 부모와 자녀 간의 갈등이 증폭된다.

아이들은 친구들과 함께 놀며 자란다. 그것은 아동기나 청소년기나 다르지 않다. 그러나 청소년기가 되면 친구관계의 밀도는 달라진다. 서로 간에 심리적으로 매우 깊이 관여하게 되고, 속깊은 비밀을 털어놓을 수 있는 친밀한 관계를 형성하게 된다. 친한 친구끼리 평생의 우정을 약속하는 등 이 시기의 친구들은 부모 형제 이상의 깊은 관계를 형성하게 된다. 깊은 유대감을 가진 또래와의 관계를 통해 청소년들은 하여금 자신의 정체감을 형성하고 유지하는 데 필요한 심리적.사회적 지지를 얻는 것이다.

간혹 자녀의 친구집단에 대해 불만을 갖는 부모들도 있다. 공부에 방해가 된다거나 몰려다니며 할 일 없이 시간을 보낸다는 이유에서이다. 그러나 청소년 시기에 또래들로부터 충분한 심리적, 사회적 지지를 받지 못하면 부정적인 자아상의 확립은 물론 사회적 거부와 배척의 감정, 고립감을 갖게 될 수 있으므로 또래 집단의 영향은 매우 중요하다고 할 수 있다.

ⓣⓘⓟ 5. 비행 청소년의 법적인 정의

현재 우리나라 소년법에는 12세 이상 20세 미만의 청소년에 의한 범죄 행위의 정도와 위법성 여부 등에 따라 비행 청소년을 세 가지로 구분한다.

범죄소년 – 14세 이상 20세 미만의 소년으로 형법을 위반한 경우로 형사책임이 있는 청소년

촉법소년 – 12세 이상 14세 미만의 소년으로 형법에 위배되는 행위를 했지만 형사책임이 없는 경우

우범소년 – 12세 이상 20세 미만의 소년으로 보호자의 감독에 복종하지 않거나, 정당한 사유 없이 가정을 이탈하거나, 범죄성이 있는 사람과 어울리거나, 금전낭비, 부녀유혹, 불건전한 오락 등에 빠져있는 경우로 장래에 형벌 법령을 위반할 우려가 있는 청소년

★★★★ 비행청소년에 대한 이해

2006년 서울가정법원의 설문조사 결과, 비행청소년의 69.5%는 친부모와 거주하지 않는다는 사실이 밝혀져 우리를 놀라게 한 적이 있다. 전국의 초중고교생과 시설보호 비행청소년을 대상으로 한 이 조사 결과에 따르면 비행 청소년 3명 중 1명만이 부모와 함께 사는 것으로 나타났다. 부모와 살지 않는 이유로는 부모의 이혼(56%)이 가장 높았고, 사망(21.5%), 별거(10.3%)가 뒤를 이었다.

여가를 묻는 질문에서 일반 청소년은 39.5%가 컴퓨터를 한다고 밝힌 반면 비행 청소년은 50.6%가 친구를 만난다고 답했다. 그리고 비행 청소년 중 47.3%는 선배와 친구의 영향으로 비행을 저질렀다고 응답했다.

화목한 가정을 위해 노력해야 할 사람은 일반 청소년의 50.3%가 가족 모두라고 답했고, 비행 청소년은 48.8%가 본인이라고 응답했다.

설문조사 결과를 보면 가정불화가 비행의 가장 큰 원인이며, 이들은 가족이 제공해주지 못한 것을 선배나 친구로부터 받으려다 비행을 저지르는 것으로 보인다.

멘토가 만나야 할 청소년 중에는 비행이나 범죄의 경험이 있는 청소년들도 적지 않다. 이들은 설문조사에서 드러났듯 가정불화를 겪고 있거나 자신을 도와줄 적절한 어른을 갖지 못한 경우가 많다.

비행 경험이 있거나 현재 비행에 연루된 멘티를 만나게 될 경우를 대비해 비행 청소년의 특성과 도움을 줄 수 있는 방법에 대해 살펴보도록 한다.

:: 자아기능의 약화

청소년기는 '나' 에 대해 생각하며 성인으로 독립할 준비를 하는 시기다. 내가 어떤 사람이고 무엇을 할 것인가에 대한 고민과 함께 자아정체감과 자아 존중감에 대한 나름대로의 가치관을 정립해 나가게 된다.

문제 행동을 보이는 청소년들 중에는 지나치게 쾌락추구적이거나 지나치게 억압된 감정을 가지고 있어 현실에 효과적으로 대응하지 못하는 경우가 많다. 자아 정체성과 도덕적인 가치기준이 올바로 확립되어 있지 못한 것이다.

원인은 어릴 때 부모로부터 적절한 교육을 받지 못했거나 자기중심적으로 행동해왔거나, 또는 지나치게 억압을 당해서 누적된 욕구불만 상태에 있는데서 비롯된 것으로 보인다.

:: 욕구불만의 누적

인간은 누구나 여러 가지 욕구를 가지고 있다. 욕구를 갖는 것은 지극히 당연한 것이며, 이러한 욕구들은 사회체제나 현실 속에서 적절히 충족되어야하고 또 적절히 좌절되어야 한다.

그러나 자녀를 하나나 둘만 낳아 기르는 요즘, 이런 욕구를 조절해 주는 데 상당히 어려움을 겪는 경우가 많다.

뭐든지 다 주고 싶은 부모마음에 아이의 요구를 지나치게 들어주는 경우, 아이는 자아기능이 약화되고 자신의 행동에 대한 통제력을 잃게 되기 쉽다. 결핍 되고 모자란 것을 스스로 채워가는 과정을 통해 성숙한 어른으로 자랄 수 있는데 이 기회를 잃어버리게 되는 것이다.

반대로 하고 싶은 것을 거의 하지 못하면 욕구불만 해소를 위해 부적응적인 행동을 하게 되고, 현실에 대해 부정적인 태도를 갖게 된다.

:: 문제해결능력 부족

인간은 누구나 살아가면서 여러 가지 복잡한 문제를 경험하게 된다. 문제가 생긴다는 것은 정상적인 상태이며, 다만 그 문제를 얼마나 효과적으로 해결하느냐에서 차이가 있을 뿐이다.

문제행동을 보이는 청소년들의 경우는 효과적인 문제해결을 위한 정확한 지각능력이 떨어지거나 문제해결을 위한 정보를 얻는 통로가 빈약한 경우가 많다.

문제해결 능력은 그냥 생기는 것이 아니라 가족관계나 교우관계 등 다양한 사회의 경험을 통해 습득되고 또 길러지는 것인데 이런 관계망이 빈약한 청소년들의 경우, 이런 경험의 기회가 적기 때문이다. 따라서 인내심, 지적기능, 문제해결 기술을 습득하지 못하여 부적응 행동을 하게 된다.

:: 지각의 비현실성

문제 청소년들 중에는 사물의 이치나 도리를 분별하는 능력이 객관적이지 못할 때가 많다. 자신을 실제보다 못하게 부정적으로 바라보거나 또는 현실보다 훨씬 높게 지각함으로서 좌절을 맛보는 경우가 많다. 청소년기의 이러한 비현실적인 지각은 비행행동으로 빠지기 쉬운 요인이 될 수 있다.

따라서 멘토는 멘티 청소년들이 자신을 올바르게 객관적으로 바라볼 수 있도록 돕고, 청소년이 분명한 의사결정을 할 수 있는 능력을 가질 수 있도록 애써야 한다.

:: 목적의식 결핍

헬렌 켈러는 "희망은 인간을 성공으로 인도하는 신앙이다. 희망이 없으면 아무것도 이룰 수가 없다" 고 했다. 듣지도 말하지도 보지도 못하지만 희망의 끈을 놓지 않았기에 그녀는 많은 것을 이룰 수 있었다. 영화 〈쇼생크 탈출〉에 나오는 앤디 듀프레인은 무고하게 19년을 감옥에서 보내다 탈출했다. 그가 동료죄수였던 레드에게 남긴 편지에도 "희망은 인생을 이끄는 힘이며 모든 것 중에서 가장 좋은 것이다" 라고 적혀 있다. 19년간 탈옥을 준비하게 한 힘, 희망은 바로 그런 것이다.

인생의 목표와 희망이 있는 사람은 어떠한 고통도 참을 수 있으며, 또 고통 속에서 의미를 찾아낼 수도 있다. 그러나 문제청소년은 인생의 목적을 확고히 갖고 있지 못할 뿐만 아니라 자신의 행동 방향도 일정치 않게 오락가락하며 무의미하게 살아가는 경향이 있다. 목적의식이 뚜렷한 사람은 주위로부터 오는 수많은 자극들을 취사선택하여 적절한 반응을 할 수 있다. 하지만 분명한 목표가 없다면 쓸데없는 자극에는 반응을 보이고 필요한 자극에는 반응을 보이지 않는 등 적절한 대응을 하지 못하는 경우가 생길 수 있다.

그러므로 청소년기에는 이루어야할 희망을 만들고, 이를 이루도록 격려하는 것이 무엇보다 중요하다.

:: 동기유발의 결여

여든 살의 정기환 옹은 영어 동시통역사 자격을 따기 위해 공부 중에 있다. 46년 동안 초등학교에 몸담았던 그는 1994년 동계올림픽을 보며 국제행사에서 봉사활동을 해야겠다고 마음먹었다. 틈틈이 닦아온 영어 실력으로 국가 인정 영어통역자격을 획득했고, 각종 세계대회에서 자원봉사자로 일했다. 그의 목표는 두 가지라고 한다. 10년 안에 영어 동시통역사 자격증 따기와 자신의 영어 시조집 출간. (2006. 10. 2 국민일보)

인생은 도전의 연속이라고 할 수 있다. 미지의 상황, 미지의 앞날에 대한 도전은 불안감과 함께 즐거움을 주고 어려운 일을 해결했다는 성취감도 맛보게 해준다.

그러나 문제 청소년들은 일반적으로 성취동기가 결여되어 있다. 무엇을 해야겠다는 생각이 별로 없는 것이다. 계속적으로

ⓣⓘⓟ 6.
문제행동을 보이는 청소년을 위한 유용한 해법

청소년에 대한 충분한 이해

청소년이 경험해 온 발달단계에 따른 부모의 양육 태도를 생각해보고 그 단계에서 가지는 욕구와 그들의 성장발달 과정을 청소년의 입장에서 이해한다. 따라서 청소년의 문제를 이해함에 있어 문제행동 그 자체만을 탓하지 말고, 그 문제행동이 왜 일어났는지를 멘티의 부모를 비롯한 가족구성원 등 환경적 맥락에서 이해하려고 노력해야 한다. 그리고 청소년의 지각, 자아기능에 이상이 있다면 이를 고쳐주며, 그릇된 모델을 학습했다면 올바른 모델을 제시해주어야 한다.

물리적, 심리적으로 안정적인 환경 제공

문제행동 청소년을 직접적인 상담으로 선도하기에 앞서 이들에게 편히 쉴 수 있는 가정과 공부할 수 있는 공간, 건전한 동료들과 어울릴 수 있는 기회 등 물리적, 심리적, 사회적 환경을 마련해주는 것이 필요하다. 이러한 환경이 충족되면 청소년들은 바른 성장을 할 수 있는 역량과 가소성이 충분히 있다. 무엇보다도 청소년의 심리적 환경은 늘 함께 생활하는 가정에서 만들어지는 것으로 애정 어린 부모의 협력은 청소년의 건전한 성장과 안정에 매우 중요하다. 그러므로 멘토는 멘티 청소년의 부모의 협력을 적극 이끌어 내는 노력이 필요하다.

가치관 확립과 목표설정

성인들이 청소년들로 하여금 본받을 수 있는 분명한 행동 기준과 가치관을 확립하고 이를 먼저 솔선수범하며 그들을 지도하는 것이 필요하다. 그러므로 멘토는 청소년의 부모역할이 역기능적일 때 부모에 개입해야하며, 청소년과 관계된 성인들의 올바른 가치관을 정립하도록 도울 수 있다. 또한 멘티에게 장기적 인생의 목표를 세우고 목표에 이르는 단기 목표를 세우도록 도움으로서 청소년이 삶을 낭비하지 않고 원하는 바를 이룰 수 있도록 도와야 한다.

사회적으로 필요한 기술 습득

청소년들이 일상생활에서 필요한 기본적인 지적 기술인 대인관계기술, 문제해결의 기술, 욕구충족의 기술, 자기 통제의 기술 등을 습득하도록 돕는다. 이러한 도움은 멘토의 삶의 방식과 멘티와의 관계 속에서 자연스럽게 익힐 수 있도록 해야 하며, 지역사회의 전문기관 프로그램을 이용하여 집단상담, 인간관계훈련 프로그램, 분노조절 프로그램, 직업기술훈련 등의 참여를 격려함으로서 도울 수 있다.

욕구좌절을 경험하고, 문제해결 기술을 습득하지 못해 성공을 경험한 기억이 별로 없다는 것이 동기결여의 원인으로 꼽힌다. 이러한 청소년들은 문제에 직면하게 되면 부인하거나 도피하려는 소극적인 태도를 보여 오히려 문제행동을 유발한다. 동기도 갖지 못하고, 의욕도 높지 않은 이들은 환경으로부터 오는 자극을 자신의 성장과 발달을 위해 적절히 활용하지 못하는 것이다.

:: 발달의 부조화

우리가 사는 데는 균형이 매우 중요하다. 이 균형은 인간의 신체적, 정서적, 사회적, 지적인 면이 모두 조화로운 발달을 이루고 환경과 적절히 상호 작용할 때 유지될 수 있다.

문제 청소년들은 이러한 발달의 균형이 이루어지지 않아 적응에 곤란을 겪는 경우가 많다. 예를 들면 신체적으로는 성인이 되었지만 지적인 면에서는 아직 아동기에 머물러 있다든가, 희로애락의 정서를 적절히 표출할 수 있는 능력이 부족해 쓸데없이 흥분하거나 이유 없이 우울해지는 등의 경향을 들 수 있다.

★★★★★ 비행의 유형별 지도 방법

비행 청소년인 멘티를 만나서 멘토링 프로그램을 운용할 때는 청소년 비행에 대한 기초지식이 있어야 한다. 비행을 경험해 보지 않은 멘토들에게 청소년 비행이란 신문에서나 존재하는 먼 나라 이야기인 경우가 많다. 그러나 자신의 멘티가 이런 비행의 당사자이며 그로 인한 심리적, 육체적 상처를 안고 있다면 멘토는 이에 대한 적절한 조치를 취할 수 있어야 한다. 청소년 비행의 유형과 요인, 그리고 지도방법에 대해 알아보자.

:: 폭력

최근 학교나 주택가 주변에 내걸린 〈학교 폭력을 신고합시다〉 라는 펼침막을 자주 보게 된다. 학교 폭력의 심각성을 알려주는 경고가 곳곳에 나붙고, 언론에서도 학교 폭력의 심각성을 알리는 보도가 계속되지만 나아졌다는 얘기는 별로 들리지 않는 것 같다. 청소년 폭력은 처음에는 학교에서의 작은 다툼에서 시작되는 경우가 많지만 이런 학교 폭력에 연루된 학생들이 학교를 중간에 그만두게 되고 이들이 지역사회를 기반으로 하는 폭력집단에 가담하게 되며 나아가 성인범죄로 이어지는 것으로 알려지고 있다.

실제로 2006년 2월 교육부에서 발표자료에 따르면 불량서클 형태는 다른 학교와 연계가 44.1%, 상급학교 조직이나 성인조직과의 연계가 26.5%에 달하는 것으로 나타났다. 또한 전체 징계

학생수가 감소한 반면 중학생 비율은 2003년 33%에서 2004년 56%, 2005년은 63%로 늘어나 학교 폭력의 주 연령대가 중학생으로 낮아졌음을 알 수 있다. 그리고 폭력의 유형은 모욕과 폭언(65.8%), 협박(55.8%), 금품갈취(50.3%), 구타(33.7%), 집단 따돌림(20.4%) 순으로 나타났다(교육부 2006. 2. 〈2005 초중고생 학교폭력 실태에 관한 통계자료〉).

이때 구타와 같은 신체적 폭력이나 모욕, 폭언과 같은 심리적인 폭력을 사용하는 이유는 조금 다른 것으로 나타나고 있다.

먼저, 신체적 폭력을 행사하는 이유는 수많은 조폭 영화에서 보았듯 개인의 힘이나 자신이 속한 집단의 리더 지위를 과시하기 위해서 또는 대립하거나 적대감을 나타내는 동료나 다른 집단에 대한 공격을 하기 위해서인 경우가 많다. 또한 자신이나 집단 구성원이 당한 폭력에 대한 보복으로, 또는 자기의 대한 요구가 받아들여지지 않는 것의 불만으로, 동료를 자기집단으로 가입하게 하거나 조직 간의 연합에 의한 집단방어를 위해 폭력을 행사 하는 것으로 나타나고 있다.

둘째, 심리적·정신적 폭력은 자신보다 더 약한 자를 괴롭히거나 집단적으로 따돌림을 하는 경우, 피해자가 아무런 저항을 하지 않아도 덩달아 공격에 동조하는 경우, 시험지 보여주기를 강요하거나 숙제를 빼앗는 등의 다양한 유형으로 나타나는데 이로 인한 피해가 심각한 문제로 대두되고 있다(김준호 외, 2003).

청소년 폭력은 다양한 요인이 혼재되어 폭력을 유발하게 되는 경우가 많은데, 이는 청소년 개인의 문제, 가정 문제, 학교 문제, 지역사회 문제 등의 요인을 생각해 볼 수 있다.

즉 개인이 갖고 있는 난폭한 성격이나 친구들의 행동에 영향을 받아 폭력을 행사하는 경우, 부모와 자녀간의 대화부족과 의사소통의 장애, 경제적 어려움에 따른 생활의 불편, 강압적이고 일관성이 결여된 부모의 자녀양육방식, 아버지의 지나친 음주나 폭행, 부모와 자식이 서로 자신의 요구만을 강요하는 이기적인 행동 등이 폭력으로 이어질 수 있다. 학교 문제로는 상급학교 진학을 우선시 하고 있는 학교제도와 활동, 교사들의 적절치 못한 체벌 등도 학생들이 폭력을 배우고 정당화하는데 영향을 미친다고 할 수 있겠다.

또한 지역사회의 문제로는 학교 주변의 술집, 게임방, 모텔과 같은 유해한 환경이 청소년들의 유흥을 부추켜 금품갈취 등의 폭력이 나타나게 되며, 방송과 영화, 인터넷 등의 대중매체에서 각종 폭력오락물이 넘쳐나는 것도 청소년 폭력의 원인으로 작용하고 있다.

그리고 청소년 폭력의 원인을 심리사회학적 관점에서 보면, 청소년들이 갖는 열등의식, 무력감, 누적된 불만으로 인한 공격성, 자기통제의 결여, 욕구좌절 등의 결과를 그 원인으로 생각해 볼 수 있다.

〈마스크〉〈덤 앤 더머〉〈트루먼 쇼〉〈브루스 올마이티〉 등의 영화에 출연했던 미국의 코미디 배우 짐 캐리는 자신이 비행 청소년이었다고 고백했다. 집안 형편이 어려워 어릴 적부터 공장에서 일했으며 친구들의 돈을 뺏거나 옥수수 서리를 하는 등 말썽을 부렸다고 밝히며 그런 어려운 시절의 기억이 오늘의 코미

디를 만드는 데 밑바탕이 되었다고 고백했다.

청소년기를 질풍노도의 시기라고 한다. 폭풍우가 몰아치고 높은 파도가 밀려오는 혼란의 시기이지만 결국 폭풍우는 가라앉게 마련이다. 청소년이 스스로를 성난 파도에 몸을 맡긴 것처럼 행동하지만 사실 청소년들은 여전히 학교나 가정의 보살핌이 필요한 아이들이다. 따라서 이들의 일탈 행위에 대한 적극적인 지도와 재발 방지를 위한 대책이 꼭 필요하며, 청소년의 심리적 문제에도 관심을 가져야 한다.

멘토들은 멘티의 부모들과 유기적인 관계를 맺고 부모의 올바른 관심과 교육이 이루어질 수 있도록 도와야 하며, 학교 선생님의 배려와 실질적인 도움을 얻을 수 있도록 나서야 한다. 그리고 청소년 개인에게 나타나는 우울, 분노, 무력함 등의 심리상태를 잘 검토해 청소년이 스스로 자신을 통제할 수 있는 능력을 기르도록 도와야 한다.

멘토 이기준 씨의 경우, 문제 학생으로 지목돼 학교에서 받아주지 않던 멘티 준이와 학교 관계를 중재해 다시 학교로 돌려보낸 뿌듯한 경험을 가지고 있다. 문제행동으로 학교를 쉬고 있던 준이에게 제일 필요한 일은 학교를 가는 것이라고 판단한 이기준 씨는 말썽꾸러기 준이를 받아주지 않겠다는 학교, 아이에겐 무관심한 아버지를 설득했다. 학교에 본인의 각서까지 제출하며 노력한 결과, 준이는 학교에 다니게 되었고, 아주 잘 적응해 이기준 씨를 기쁘게 했다.

청소년 폭력의 근본 원인을 제거하기 위해서는 사회적인 노력이 필요하다. 어른들이 먼저 솔선수범해 올바른 가치관을 가지고 모범적인 삶을 살아가는 모습을 보여 주어야 한다. 언론이나 대중매체들도 청소년들을 배려해 지나치게 자극적이고 폭력적인 내용을 자제해야 하며, 학교 주변의 유흥업소들의 자율적인 이주나 정화를 통해 폭력 발생의 원인을 줄이도록 애써야 한다.

물론 이런 일들은 멘토 개인이 할 수 있는 일이 아니다. 관련 정부 부서에 정책제안을 하거나, 지역의 단체들이 할 일에 대해 정보를 제공하는 일을 할 수 있을 것이다.

:: 절도

빅토르 위고의 소설 ≪레 미제라블≫의 주인공인 장발장. 배가 고파서 훔친 빵 한 조각 때문에 19년간 옥살이를 했던 장발장은 미리엘 신부의 자비심에 감동해 새로운 사람으로 태어난다. 그는 평생 선량한 일을 하며 자신의 죄를 갚고자 노력하나 죽음을 맞이하고서야 영혼의 자유를 얻게 된다. 장발장의 불행은 빵 한 조각에서 왔다. 너무 배가 고파 선택한 일이었지만 남의 물건에 손을 대는 행위는 용서받을 수 없었으며 평생을 두고 그를 괴롭혔다.

절도는 자신의 욕심을 위해 남의 물건을 훔치는 행위로 인류의 역사만큼이나 오래된 범죄이다. 특히 사유재산을 기본으로 성립된 자본주의 사회에서는 사유재산권에 대한 가치를 침해하는 행위로 엄격하게 규제되고 있다.

우리나라 형법 제 329조에서는 '타인의 재물을 절취한 자는

6년 이하의 징역 또는 1천만 원 이하의 벌금에 처한다' 고 명시하고 있으며, 실무 편의상 수사당국에서는 절도범죄를 범행수법을 기준으로 하여 침입절도, 치기절도(소매치기, 날치기, 들치기), 차량이용절도, 속임수절도 등으로 구분하고 있다.

성인 절도범죄는 1982년 이후로 계속 감소하는 반면, 청소년 절도비행은 1991년 이후로 큰 폭으로 상승하고 있는 경향을 보이고 있다(노성호.김성언, 1999). 2002년 청소년 절도범죄자 검거인원은 6만 3649명이며, 미성년 절도 비행자는 2만6345명으로 나타나고 있다(경찰청, 〈범죄통계자료〉, 2003).

특히 미성년자들의 절도에서 특수절도(67%)를 비롯하여 주거를 침입한 절도나 야간 주거침입절도, 상습절도 등의 유형이 나타나고 있다. 또한 절도비행을 저지른 청소년의 연령을 보면 14세~15세의 저연령층의 청소년이 42.8%로 가장 높게 나타나고 있으며, 16세~17세가 35.5%, 18세~19세 20.4%로 나타나 상대적으로 나이가 어린 14세~17세까지의 청소년들이 절도비행에서 차지하는 비율이 높다(대검찰청, 〈범죄분석〉, 2002).

청소년 절도의 심각성은 여건이 하락하지 않아도 자신이 하고 싶거나 갖고 싶은 것은 타인에게 해를 입히면서라도 얻으려는 충동성이 강하다는 것이다. 유흥비 마련이나 유행하는 물건을 갖기 위해 절도에 가담하는 청소년들이 늘고 있으며, 청소년 절도에서 71.5%가 공범관계가 있는 것으로 조사되어 집단으로 절도비행이 행해지고 있는 것을 알 수 있다.

대검찰청 '범죄분석' 2002년 통계에 의하면 청소년절도범의 비행 동기는 유흥비 마련, 생활비 마련, 허영, 사치심, 도박비 마련 등이 35.0%로 가장 높았고, 호기심(18.3%), 우발적(18.2%) 등으로 나타났다. 또 다른 조사결과에 따르면 필요해서 절도했다(32.1%), 호기심으로 절도했다(28.4%), 자기도 모르게 우발적으로 절도했다(20.2%)는 답변 순으로 절도 동기를 밝히고 있다. 이는 타인에게 피해를 입히면서도 충동적으로 자신의 욕구를 채우려는 청소년들의 절도 성향을 보여주고 있다(김종욱.1996).

청소년들은 자신의 비행이 얼마나 큰 잘못인지를 깨닫지 못하는 경우가 종종 있다. 청소년 절도의 예방을 위해서는 무엇보다 절도가 중대한 범죄행위라는 것을 인식시키는 교육프로그램이 필요하다. 절도를 해서는 안 되고, 만약 절도를 저지르면 반드시 처벌받게 된다는 것을 꾸준히 교육시킬 필요가 있다.

그러나 이미 절도비행을 저지른 청소년들을 대상으로는 다른 대책이 마련되어야 한다. 우선 충동적이고 우발적인 절도의 재 비행을 막기 위해 자기를 통제하는 방법을 훈련시켜야 한다. 절도를 대수롭지 않게 생각하는 친구들과의 접촉을 삼가고 절도 행위로 인한 부정적인 결과, 즉 피해자가 당할 곤란과 어려움을 이해할 수 있도록 자세히 설명해 주어야 한다.

무엇보다 중요한 것은 청소년 개인이 하고 싶은 것을 참고, 갖고 싶은 것을 잘 참을 수 있는 잠재력이 있음을 인정해주는 일이다. 사회적으로 지켜야 할 규범과 규칙을 지키는 가치관의 소중함을 깨닫고 받아들일 수 있도록 격려해주어 바람직한 행동이 습관화 할 수 있도록 도와야 한다.

:: 성 비행

성 비행은 대부분 공식적 통계를 조사하는 데 한계가 있어 실태를 파악하는 것이 쉽지 않다. 따라서 청소년이 직면한 성과 관련된 여러 측면의 문제를 포괄적으로 검토하면서 그 윤곽을 어느 정도 파악할 수 있을 뿐이다.

청소년들이 상담을 의뢰 해 온 문제 유형을 보면, 성 지식과 자위행동 등을 비롯하여 성 심리, 성 욕구, 이성교제, 직접적 성관계,성병, 성 도착, 근친 강간 등 성과 관련한 문제가 청소년의 고민 중 68.4%를 차지하고 있다.

실제 청소년을 대상으로 진행된 연구를 살펴보면 고등학교에 재학하고 있는 일반 남학생 417명과 소년분류심사원에 수용되어 있는 비행청소년 295명을 대상으로 지난 1년간 어떠한 비행에 참가하였는지에 대한 조사에서 이성과의 육체적 접촉은 일반학생의 경우 26.9%, 비행청소년의 경우 91.5%로 나타났으며, 이성과의 성경험은 일반학생의 경우 10.3%, 비행청소년의 경우 78.3%로 나타났다(김은경, 1998).

청소년 성매매의 경우, 소년원, 선도보호시설 5개 기관, 가출청소년 쉼터 등 10개 기관을 대상으로 한 연구에 따르면, 성매매 경험 청소년 비율이 29.2%(남자 30.3%, 여자 69.7%), 성 매수 경험 청소년의 비율은 16.3%(남자 80%, 여자 20%)로 나타났다(이희경 이희길, 2001).

그러나 재학생을 대상으로 한 연구 결과를 보면 성매매 경험 청소년 비율이 1.8%에 불과했고, 성 매수 경험이 있는 청소년은 없었다(황순길 외, 2001).

이러한 결과를 바탕으로 나타난 성 비행 청소년의 특징은 일반학교에 재학하고 있는 학생보다 학교를 이탈한 비행청소년 들에게서, 그리고 부모의 이혼 또는 결손 가정 등 불우한 가정환경에 있는 청소년이 높게 나타나고 있는 것을 알 수 있다.

연령적 특징은 16세가 가장 많으며, 15세, 17세, 18세의 순으로 추정된다(김준호, 2003). 또한 성매매 청소년들의 매매 이유를 묻는 질문에서 용돈 마련이 54.3%, 브랜드 옷 등 마련 42.9%, 유흥비 마련 25.7%, 가출 후 생활비 마련 20.0%, 가족의 생계를 도움 20.0%, 성적 만족 17.1%, 친구의 권유 17.1%등으로 나타났다(황순길 외 2001) . 조사 결과를 바탕으로 보면 청소년 성 비행은 15세, 16세의 결손 가정 출신의 청소년이 가출 한 상태에서 부분적으로는 생계비 마련을 위해 성매매를 선택하고 있음을 알 수 있다. 그리고 브랜드 옷 등을 사기 위한 용돈 마련, 성적 만족 등의 이유도 높음을 알 수 있다.

청소년 성 비행의 요인은 상당히 넓고 다양하므로 한두 가지 개념으로 설명할 수는 없다. 심리적 문제와 사회학습의 입장에서 그 발생요인을 살펴보면, 첫째, 심리적 이상에 주목하는 입장에선 강간범은 주로 성격장애나 정신질환을 갖고 있다고 주장한다.

특히 어릴 적 성격 형성이 이루어지는 과정에서 어머니와의 상호작용이 매우 중요한데, 일반적으로 강간범의 어머니는 자녀를 무시하고, 과도하게 통제하거나 지배하며, 벌을 잘 주고, 과잉보호하거나, 자녀가 사춘기가 될 때까지 침대를 같이 쓰는 등 자녀를 유혹의 대상으로 삼는 경우를 그 원인으로 지적하고 있다.

또한 아버지는 무관심하고, 집에 자주 없으며, 냉담하지만 때로 매우 잔인하게 응징하는 경향이 있다고 한다.

다시 말해 자녀가 부모로부터 받는 과도한 자극이나 유혹, 아동학대, 비일관적인 양육, 질투, 왜곡된 성적 동일시 등이 인격 형성에 영향을 미치고, 이러한 인격이 후에 성비행과 관련 있는 것으로 보고 있다.

둘째, 사회학습에 주목하는 입장에서는 강간 등 성비행을 사회학습의 산물로 본다. 이러한 학습은 직접적인 학습뿐만 아니라 간접적인 학습도 포함되는데 즉, 청소년기에 성적으로 피해를 당한 경험이 있는 사람이나 여성이 강간당하고, 매 맞고, 고문당하는 포르노 비디오를 많이 보는 것도 이와 관련 있다고 보는 입장이다.

또한 청소년 성매매의 원인은 적은 노력으로 많은 돈을 벌려는 계산 하에 발생한다고 보는데 소녀들이 매춘을 자신이 할 수 있는 일로 생각하는 집단문화에 속해 있거나, 가족구성원에게 유기 또는 학대받거나, 결손가정의 생계문제를 해결해야 하는 등의 비극적인 어린 시절 경험을 갖는 경우에서 원인을 찾고 있다. 이들은 자신들의 몸이 가치를 가지고 있고 성행위가 애정이나 권력 또는 돈을 획득하는 데 이용될 수 있다는 사실을 이미 알고 있는 것이다.

청소년들의 이성교제 여부를 묻는 질문에 대해 중학생의 60~80%, 고등학생의 97.4%가 찬성하고 있으며, 실제로 이성교제를 하고 있는 비율은 중학생 5명 중 1명, 고등학생은 2~3명 중

1명 꼴로 나타나고 있다. 피임 없이 순간적인 성 충동에 의한 임신이 높게 나타나 성교육의 절대적인 필요성을 증명해 주고 있다.

청소년의 성비행 문제는 청소년의 올바른 가치정립을 위한 교육과 실제적인 성교육이 지속적으로 제공되어야 하며, 무엇보다 기성세대의 윤리의식과 도덕정신이 회복될 때 가능할 것이다. 또한 청소년들이 열악한 가정환경이나 지역 환경에서 벗어날 수 있도록 적극적으로 도움으로서 성 비행으로부터 청소년을 보호할 수 있을 것이다.

멘토링에서의 성공적인 관계

★ 신뢰를 다져라

사람은 태어나서 죽을 때까지 수많은 관계를 맺는 사회적인 존재이다. 그래서 기쁨, 슬픔, 행복, 불행도 모두 인간관계에서 비롯된다. 멘토링 역시 인간관계가 그 성공 여부를 가늠하는 관건이다. 조언자 멘토와 청소년 멘티의 관계, 멘토와 관련 기관 또는 지역사회와의 관계가 멘토링의 핵심이 된다.

우선 멘티의 긍정적인 변화를 가져오는 원동력은 조언자 멘토와의 좋은 관계다.

좋은 관계란 서로에 대한 신뢰가 있고 상대방을 존중하는 관계를 의미한다. 그러나 이처럼 좋은 관계는 그냥 이루어지지 않는다. 어느 정도의 시간도 필요하고 무엇보다 서로가 끊임없이 노력해야 주어지는 것이다.

멘티는 한마디로 말해 방황하는 청소년이다. 멘티는 어디로 튈 지 모르는 공과도 같으며, 멘토와는 나이차도 나고 살아온 배경도 다르기 때문에 간혹 멘토들이 생각지도 못했던 난관이 닥치기도 한다.

'나는 이만큼 왔는데 너는 왜 거기밖에 못 왔니' '너를 위해 이만큼 희생했는데 넌 왜 못하니' 하는 아쉬움과 비난의 마음이 들기도 한다. 멘토는 또 자신의 능력을 자책하기도 하며 멘티도 나도 모두 고생이라는 회의에 빠질 수도 있다. 이럴 때는 좋은 관계는 하루아침에 이루어지지 않으며 부단한 노력과 훈련이 필요하다는 것을 명심해야 한다.

★★ 멘토링 운영기관을 활용하라

멘티와 관계를 맺고 좋은 결과를 이끌어 내는 것은 쉬운 일이 아니다. 특히 비행 경험이 있는 청소년을 만나야 한다면 혼자서 감당하기 어려운 상황이 생길 수도 있다.

멘토는 혼자가 아니라는 사실을 기억해 내고 멘토가 속해 있는 기관과 밀접하게 관계를 갖고 도움을 받도록 한다. 혹시라도 멘토가 청소년을 다루는 방법이 미숙해서 멘티의 마음을 상하게 할 수도 있고, 멘티의 요구를 해결할 수 있는 방법을 모를 수도 있다.

반대로 멘토로서 감당 할 수 없는 멘티의 행동과 태도에 당황하여 멘토로서 자격이 없다고 자책하며 멘토링 프로그램을 스스로 포기하는 경우도 있다. 이럴 때는 프로그램을 진행하고 있는 기관의 담당자와 함께 어려움을 이야기하며 문제를 풀어갈 실마리를 찾는다. 또한 멘티의 성장을 돕는 지식과 기술을 도움 받을 수도 있고 멘토링에 도움이 될 만한 자료를 얻을 수도 있다.

뿐만 아니라 멘토링 프로그램에 참여하고 있는 다른 멘토와의 만남도 기관을 통해 이루어지는데 이 역시 서로에게 힘이 되는 중요한 관계다. 서로의 어려움을 공유하고 유사한 경험담을 통해 문제 해결의 단초를 제공해 주는 동료와의 교류는 새로운 활력을 불어넣기도 한다. 기관은 단지 멘토링을 주선하는 곳이 아니라 직접적으로 멘토의 활동을 돕는 동반자임을 기억해 두자.

★★★ 지역의 네트워크를 이용해라

멘토링의 관계는 멘토와 멘티 일 대 일 관계가 기본이지만 둘이서 해결할 수 없는 일도 생긴다. 멘토는 멘티에게 필요한 다각적인 자원을 효과적으로 활용할 수 있도록 자신의 능력 밖의 일에는 즉각 외부의 도움을 요청해야 한다. 최근 지역 네트워크를 활용해 어려운 환경에 처한 아동이나 청소년을 보호하는 사례는 멘토들이 참고해 볼 만한 사례이다.

대부분의 멘티들은 개인적인 환경은 물론 사회적으로도 복잡한 문제를 가지고 있는 경우가 많아서 여러 가지 도움을 받아야 하지만, 멘토는 그 모든 것을 다 해 줄 수는 없는 일이다. 그러나 지역사회의 다양한 자원을 활용할 수 있는 방법을 찾아야 한다. 멘토는 멘티의 취미활동, 학업능력 향상, 진로 관련 정보 등을 지원할 수 있는 지역사회의 자원을 찾아서 멘티와 연결할 수 있어야 한다. 가령 축구에 취미가 있는 멘티라면 지역의 축구 동아리를 소개하거나, 멘티가 관심을 갖는 직업인들과의 만남도 주선할 수 있을 것이다.

지역사회에는 청소년들을 도울 수 있는 여러 전문가와 집단이 존재하므로 이에 대한 사전 파악과 함께 도움이 필요하면 언제라도 적절하게 활용할 수 있는 능력이 필요하다.

어려운 상황에서 멘토는 우선적으로 기관의 멘토링 프로그램 담당자나 수퍼바이저에게 보고하고 도움을 요청할 수 있지만, 자신이 가진 지역사회와의 폭넓은 관계망이 있다면 멘티를 돕는 일은 더욱 수월하게 이루어질 수 있다.

ⓣⓘⓟ 7.
멘토가 즉각적인 도움을 요청해야 할 문제

_ 육체적, 성적, 정서적인 학대
_ 공격적 행동
_ 의학적 검사가 필요한 건강상의 문제
_ 심각한 심리적, 정신적, 육체적 문제
_ 법률과 관련된 문제

ⓣⓘⓟ 8.
멘토와 멘티간의 성공적인 관계 구축을 위한 원칙

· 꾸미지 않은 평상시의 모습으로
자연스러운 자신을 있는 그대로 보여준다.
· 엄격한 부모나 교사처럼 행동하지 말고 언니나 형처럼 편하게
그리고 즐거운 친구처럼 대한다.
· 함께 할 활동에 대해 멘티가 택할 수 있도록 하되, 범위는 제시한다.
· 멘티가 이야기 하고 싶은 것, 불안한 것 등에 민감해야 하지만,
앞서 판단하지 않고 절대로 멘토가 먼저 표현하지 않는다.
· 멘티의 현 상황의 어려움을 성장의 기회로 보라, 멘티를 지지하고
용기를 줌으로서 자존심과 자신감을 향상시켜 준다.
· 멘티를 있는 그대로 수용하지만, 무조건 동의하지는 않는다.
· 멘티와 접촉하고 관계를 유지하는 것에 책임을 갖는다.
· 멘티가 한 이야기에 대해 비판하지 말며, 비밀을 지켜주어야 한다.
· 멘토 활동은 일시적 선행 차원이 아니라 책임있는 민주시민으로서의 활동임을 주지시킨다.

2장.

멘토가 말하는 멘토링

이야기 1

친구 대 친구가 진정한 멘토링입니다

멘토 고정일, 당시 25세, 대학3년생

멘티 박태민(가명), 당시 17세, 중학3년생

멘토링 기간 2005년 11월 ~ 2006년 5월

멘토 고정일

누군가와 관계를 맺는다는 건 쉬운 일이 아니지요. 다른 길을 걸어 온 사람들이 삶과 삶으로 만나는 것이니까요.

고유한 빛깔의 삶이 어울려 새로운 빛깔을 만드는 동안, 사람들은 필연적으로 상대방이 구축해 온 담장과 맞닥뜨리게 됩니다. 담장은 일종의 경계입니다. 담을 지키고 허물며, 서로의 경계 앞에서 주춤거리고 또 넘어섭니다. 상대방의 삶 속으로 들고날 때, 스스로의 욕심과 대면하기도 합니다. 상대방의 삶을 인정하기보다, 상대방의 삶을 내 삶에 맞추고 싶어 합니다. 관계는 그렇게 무르익거나, 깨집니다.

이 글은 제가 한 사람의 삶과 만나 그의 담장 앞에서 서성인 기록입니다. 제 자신의 의지를 관철시키지 않으려 스스로에게 다짐하고 또 다짐한 흔적입니다. 저처럼 좋은친구만들기운동을 이미 경험하신 분들은 후배의 우왕좌왕 좌충우돌기(記)로, 멘토링에 관심 있는 분들은 시행착오를 줄일 수 있는 참고자료쯤으로 읽어 주셨으면 합니다.

반항아?

2005년 어느 날, 학교 게시판에 눈에 띄는 광고가 있었습니다. 청주KYC에서 〈좋은친구만들기운동〉 지원자를 모집한다는 내용이었습니다.

들어 본 적은 있었어도 처음 해보는 것이어서 멘토링의 정확한 개념은 잘 몰랐습니다. "스폰서 같은 역할 아니냐" 는 용감한(?) 질문을 교육 시간에 했을 정도였으니까요.

개인적 필요 때문에 참여했던 게 사실입니다. 다양한 사회경험을 요구하는 시대, 취업전쟁에서 살아남자면 저 또한 나름의 경력을 만들어야 했으니까요. 좋은친구만들기운동은 제게 '좋은경험만들기' 가 돼 줄 것만 같았습니다. 시간이 지나면서 경험 이상의 의미를 발견해버렸지만 말이죠.

불안감이 없진 않았습니다. 막연함 때문이었습니다. 누굴 만날지 알 수 없었고, 순조로운 만남이 될 지도 장담할 수 없었습니다. 멘토링이 시작되기 전까지 온몸으로 두려움이 닥쳐오는 것만 같았습니다.

그러다 태민이를 처음 만난 날, 막연함은 아득함으로, 두려움은 심란함으로 바뀌었습니다. 막연히 '어떤 친구일까' 하던 마음은 '이제 어떻게 대해야 하지?' 하는 아득함이 되고, 잘 할 수 있을지 두려웠던 마음은 내가 과연 감당해낼 수 있을지 심란해졌습니다.

태민이의 첫인상은 반항아 그 자체였습니다. 중학교 3학년 태민이는 학년에 비해 한 살 더 많았습니다. 많이 아파 일 년을 쉬었다 했습니다. 결연식에서 만난 태민이는 시종일관 무반응이었습니다. 형, 누나하며 다른 멘티들이 멘토와 살가워질 동안, 태민이는 삐딱하게 앉아 묵묵부답이었습니다. 멘토 교육에서 극단적인 실패 사례들을 많이 들어온 터였습니다. 고정일-박태민의 결연도 사례에 추가되는 것 아닐까, 걱정되기 시작했습니다.

"정일이 네가 제일 걱정이다."

첫날 일정을 마친 뒤 멘토끼리 가진 술자리에서였습니다. 모든 멘토들이 절 걱정하고 있었습니다. 태민이를 지켜 본 멘토들은 "내 멘티는 착해" 라며 한숨 돌리는 눈치였습니다. 태민이는 그만큼 도드라진 친구였습니다.

나중에 알게 된 사실이지만, 다른 멘토들의 걱정엔 까닭이 있었습니다.

결연식을 며칠 앞두고 멘토와 멘티가 짝을 맞추는 시간이 있었습니다. 청주KYC에선 멘토들에게 멘티의 기본 정보만 주고 원하는 멘티를 선택할 수 있도록 했던 것입니다. 그날 유독 저만 부득이한 일로 참석하지 못했습니다. 참석한 멘토들은 태민이만 피해 멘티를 정했던 것입니다.

저는 선택을 하지 못한 단 한 명의 멘토였고, 태민이는 선택받지 못한 단 한 명의 멘티였습니다. 혼자 선택하지 못한 저와 혼자 선택받지 못한 태민이는 결국 서로에게 남은 오직 한 명의 멘토, 멘티였던 것입니다.

태민이가 멘토들의 '기피 대상'이 된 건 태민이가 처한 상황이 버거워 보여서입니다. 태민이는 폭력과 특수절도로 보호관찰 1·3호 처분을 받고 있었습니다. 아버지는 2005년 3월에 돌아가셨고, 어머니는 태민이가 어렸을 때 집을 나가신 후 연락이 끊겼습니다. 생활보호대상자로 선정됐고, 28만 원을 받아 생활합니다. 모자란 용돈은 친척들이 보태줬고, 등록금과 급식비는 면제받았습니다. 고모님이 보호자로 돼 있지만 태민이는 혼자 사는 게 편하다고 했습니다.

그래서 태민이는 아버지와 살던 집에서 개 한 마리와 살고 있었습니다.

첫인상은 첫인상일 뿐

정작 태민이는 힘든 내색을 하지 않았습니다. 부모님의 부재를 주위 사람들이 느끼게 하지도 않았습니다. 라면을 끓여 먹을지언정 끼니를 잘 챙겨 먹고, 비싼 옷은 아니지만 꾸며 입을 줄도 알았습니다. 기죽지 않으려는 태민이는 치열하게 씩씩했습니다.

첫인상은 첫인상일 뿐이었습니다. 시간이 지날수록 태민이는 달라졌습니다. 아니, 달라진 게 아니었습니다. 태민이는 늘 태민일 뿐이었습니다. 사람들이 수식어를 붙여서 불렀습니다. '문제아 태민이', '반항아 태민이'로 말이지요. 저 역시 달라진 태민이가 아니라 본래 그대로의 태민이를 발견하는 데 시간이 걸렸습니다.

태민이는 매우 적극적인 친구였습니다. 다른 멘토들과도 친하게 지냈고, 모든 활동에 열심이었습니다. 행사가 있을 땐 늘 마지막까지 남았고, 뒷정리도 도왔습니다. 고아원 아이들과 생태체험을 갔을 때도 태민이는 훌륭했습니다. 자기들끼리만 다니는 여느 멘티들과 달랐습니다. 고아원 아이들의 손을 꼭 붙들고 형, 오빠 노릇을 톡톡히 했습니다.

태민이를 바라보는 멘토들의 시선도 바뀌었습니다. 그럴 수밖에 없었습니다. 시간이 지날수록 많은 멘티들이 멘토들의 속을 끓였습니다. 행사가 재미없으면 짜증을 냈고, 큰 소리로 진행자들을 머쓱하게 했습니다. 무엇보다 연락을 끊어 당황하게 만들었습니다. 연락은 멘토와 멘티 간 관계 맺기의 출발점인데, 관계에 마침표를 찍는 요인이 되기도 했습니다. 연락 자체가 문제를 초래합니다. 멘티와의 연락 두절이 반복되면서 멘토는 멘토대로 힘들어지고, 멘토의 연락 시도가 빈번해지면서 멘티는 멘티대로 귀찮아집니다. 연락이 설렘이 아닌 의무가 되면서 만남도 의무적, 의례적이 됩니다.

저는 그런 걱정에서 자유로웠습니다. 태민이와 연락이 안 된 적은 거의 없었습니다. 다른 멘토들이 가장 힘들어했던 문제가 애초부터 제겐 문제가 아니었습니다. 프로그램이 끝날 때까지 태민이는 가장 열심인 멘티였습니다. 다른 멘토들의 칭찬도 많이 받았습니다.

처음엔 공동의 근심거리였던 태민이가 나중엔 너나없이 칭찬하는 멘티가 된 것입니다.

"태민이를 처음 만났을 땐 좀 불안했습니다."

멘토링 결연 해단식에서 제가 발표한 소감입니다. 듣고 있던 태민이가 마이크를 잡았습니다.

"낯설음 때문이었어요.
원래 그렇진 않은데…."

'반항아 태민이' 가 만들어진 경위였습니다. 처음 보는 사람들에 대한 태민이의 낯가림이 거꾸로 태민이의 본모습을 가린 것입니다. 사람들은 "낯가림이 심하구나" 하지 않고, "삐딱하네" 하고 반응했습니다. 오해는 그렇게 만들어지고 증폭됐습니다. 어른의 시선 때문이었는지도 모릅니다. 소위 '딱지 붙은' 아이들을 바라보는 어른의 시선 말입니다. 다른 사람들이 하면 아무 문제가 안 되지만, 태민이가 했을 땐 뭔가 큰 문제로 둔갑합니다. 선입관이 됨됨이를 단정하는 오류가 어김없이 태민이에게도 일어났습니다. 저 역시 어른이었는지 모릅니다.

신뢰

신뢰는 마음먹는다고 생기는 게 아닙니다. 때론 상대를 신뢰하려는 의지와 달리, 감정은 상대를 밀어내는 경우도 종종 있습니다. 가슴 깊이 상대를 인정하고 받아들이는 데는 어떤 계기가 필요합니다. 한동안 태민이와 저는 의례적인 만남을 이어가고 있었습니다. 계기는 자장면과 함께 찾아 왔습니다.

만난 지 두 달쯤 지날 무렵이었습니다. 태민이가 사는 집을 찾아갔습니다. 자다 일어난 태민이는 배가 고프다고 했습니다. 우린 자장면부터 시켜 먹었습니다. 자장면 먹다 텔레비전 보다 데면데면 그랬습니다. 당시만 해도 저와 태민이 사이엔 대화가 많은 편이 아니었습니다. 자장면을 거의 다 먹었을 때였습니다. 태민이에게 전화가 왔습니다. 담임 선생님이었습니다. 선생님은 태민이 고등학교 진학문제로 전화하신 듯했습니다. 제가 전화를 넘겨받았습니다. 태민이 진학을 돕는 첫 순간이었고, 태민이에게 한 발짝 더 다가서는 순간이었습니다.

그 후, 선생님과 많은 대화를 나눴습니다. 기회 있을 때마다 전화를 드려 상의했습니다. 다행이 선생님은 너무 좋은 분이었습니다. 태민이를 진심으로 걱정하고 계셨습니다. 선생님과 저는 많은 학교를 알아 봤고, 태민이가 갈 수 있는 학교를 선별해 하나 하나 가능성을 타진했습니다. 태민이는 요리사가 되고 싶어 했습니다. 돌아가신 아버지가 요리사셨거든요. 태민이도 요리를 좋아했습니다. 태민이는 요리 전문 실업고를 가고 싶어 했지만, 걸림돌이 있었습니다. 태민이의 성적이 워낙 좋지 않았던 까닭입니다. 결석도 너무 많아 지원 자격을 얻기조차 어려운 상황이었습니다. 교육청에도 전화해 알아 봤지만 방법이 없었습니다. 태민이는 요리를 집중적으로 배울 수 있는 실업고등학교를 포기하고, 인문계 고등학교로 방향을 다시 수정했습니다. 힘들기는 마찬가지였습니다. 선생님도 추천서를 써 주시며 최선을 다했습니다. 결국 태민이는 고등학교에 진학했습니다.

놀라웠던 건 고등학교를 가고자 하는 태민이의 의지였습니다다. 담임 선생님도 흐뭇해 하셨습니다. “학교도 잘 안 나오던 태민이가 이렇게 적극적인 모습을 보인 건 처음” 이라며 말입니다.

이 일이 있고부터 태민이는 절 신뢰하기 시작했습니다. 저 역시 태민이를 대하는 데 자신감이 생기게 됐고요. 태민이의 중학교 졸업식에 다녀온 후, 태민이에게서 한 줄짜리 문자가 도착했습니다.

“형, 고마워요.”

불과 한 줄이었지만 태민이의 진심을 느낄 수 있었습니다.

지금, 태민이는 고등학교를 열심히 다니고 있습니다. 아주 부지런해졌습니다. 아침 6시면 꼬박꼬박 일어납니다.

내가 아닌 멘티의 의지와 목표

좋은친구만들기운동은 자원활동입니다. 강제성이 없습니다. 어느 순간부터 흐지부지되기 십상입니다. 바로 자원 활동이기 때문이죠. 보람도 본인 스스로 느껴야 합니다. 자원활동이기에 그렇습니다. 의지가 없으면 100퍼센트 실패합니다.

태민이를 만나는 동안, 전 의지란 녀석의 양면성을 봤습니다. 자발적 의지는 자원활동의 필수요건입니다. 의지는 그러나 욕심의 다른 얼굴이기도 합니다. 태민이를 처음 만난 날, 막연하고 아득하고 두렵고 심란했을 때, 교육 기간 중에 반복적으로 들었던 말이 생각났습니다.

"욕심을 가져선 안 됩니다."

태민이를 내 뜻대로 끌고 가려 했다가는 관계 자체가 깨질 거라는, 멘토에게도 꼭 필요한 의지가 멘티에 대한 욕심으로 바뀌는 것만큼은 경계해야 한다는 생각을 깊이 했습니다. 중요한 건 나의 의지가 아니라 태민이의 의지였습니다. 중요한 건 나의 목표가 아니라 태민이의 목표입니다. 내 목표에 멘티의 목표를 맞추는 것이 아니라, 멘티의 목표에 나의 목표를 맞춰야 했습니다. 6개월이란 짧은 결연 기간 동안 거창한 목표를 세운다는 것 자체가 우스운 일일 지도 모릅니다. 멘토의 생각과 멘티의 생각은 많이 달랐습니다. 멘토는 멘토라는 위치 때문에 마치 선생님인 양, 부모님인 양 행동하고 싶은 유혹을 받기 마련입니다. 무언가 가르쳐야 하고, 깨닫게 해야 하고, 변화시켜야 한다고 생각합니다. 멘티는 전혀 그렇게 생각하지 않은데도 말입니다.

멘티가 멘토를 만나는 이유는 단순합니다. 보호관찰소 가는 것보다 멘토링이 편하기 때문입니다.

또 좋은친구만들기운동과 일반 기업의 멘토링은 분명히 다릅니다. 기업 멘토링이 후배 사원의 업무적응을 돕기 위한 것이지만, 좋은친구만들기운동의 멘토링은 친구가 되기 위한 과정입니다. 친구가 되면 그것으로 족한 것입니다.

기회가 된다면 좋은친구만들기운동에 또 참가하려 합니다. 취업에 필요할까 해서 시작한 활동이었지만, 경험 이상의 것을 얻었기 때문입니다. 바로 사람에 대한 믿음입니다.

시골에서 살다가 도시로 이사 온 저는 도시의 일회성 인간관계가 싫었습니다. 다른 사람이 절 믿어 줄 거라 생각하지 않았고, 저 역시 다른 사람을 잘 신뢰하지 못했습니다. 점점 저 자신만 아는 사람이 돼 갔습니다. 그런 상황에서 태민이를 만났고, 태민이가 절 믿어 줬습니다.

제가 누군가에게 마음을 주면 저 또한 그의 마음을 얻을 수 있다는 자신감이 생겼습니다. 신뢰는 태민이를 만나는 동안 얻은 가장 큰 선물이었습니다. 이제 저는 사람들이 쳐 놓은 담장이 두렵지 않습니다.

* 청주KYC를 통해 멘토링에 참여한 고정일 씨와 나눈 이야기를 재구성한 글입니다.

고정일-박태민의 멘토링 일지

멘토링 목표

- 멘티의 생활습관 변화와 생계를 위한 성인역할의 부담감을 줄이면서 자립할 수 있도록 돕기
- 멘티의 고등학교 진학 돕기
- 꾸준한 인간관계 맺기를 통해 성격의 변화와 자아존중감 높이기
- 멘티 주변의 지원체제를 확장하기.

고정일-박태민의 멘토링 과정

	형태	횟수	세부 내용
2005년 11월	직접 만남	총 1회	11. 6 _청주시 청소년수련관
	전화 통화	총 1회	11. 12 _식사 약속을 위해 연락 시도했으나 실패
	문자 메시지	총 1회	11. 6_ 집에 들어갔는지 확인에 관한 문자, 선생님이란 호칭에 대해 친구란 표현으로 답장
2005년 12월	직접 만남	총 3회	12. 4_ 분식집, 커피숍_ 일상생활, 진학과 성적, 식사 12. 14_ 멘티 집_ 담임선생님 통화, 진로문제 12. 17~18_ 충주시 청소년수련원_ 수련활동
	전화 통화	총 2회	12. 8_담임선생님과 멘티 진학 문제로 통화 12. 19 _담임선생님과 멘티 진학 문제로 통화
	문자 메시지	총 3회	12. 2, 3, 11일_ 일상생활, 약속연기
2006년 1월	직접 만남	총 2회	01. 06_ 멘티 집, 시내, PC방_ 물품전달, 진학문제, 생활점검, 식사 01. 08_ 낭추골 눈썰매장_ 여가활동.봉사활동
	전화 통화	총 5회	01. 03_ 멘티 진학문제로 담임선생님 통화 01. 06_ 고모님과 통화 01. 14_ 등록금 문제 고모님과 통화 01. 20_ 등록 확인
	문자 메시지	총 1회	01. 13_ 고등학교 합격 축하 메시지
2006년 2월	직접 만남	총 3회	02. 10_멘티 학교, KYC사무실_ 졸업식 축하, 이모님 만남, 담임선생님 만남 02. 12_ 대둔산_ 등산 02. 25_ 중문, 식당, 노래방_ 식사, 학교생활, 노래방
2006년 3월	직접 만남	총 1회	03. 04~05_ 청포대해수욕장_ 전체 활동 프로그램
	전화 통화	총 4회	매주 수요일, 03. 24_ 포인트를 다 써서 연락 안됨 안부, 4월 활동 안내, 포인트 소진으로 연락 안됨 확인
	문자 메시지	총 1회	03. 23 _ 메시지 확인 후 전화연락 요청

이야기 2

사람을 바로 보는 훈련이 멘토링이다

멘토 박희찬

멘토 박희찬, 당시 38세, 대학원생(심리학)
멘티 송경수(가명), 당시 18세, 고교2년생
멘토링 기간 2005년 7월 ~ 11월

스무 살 차이

박희찬 씨는 조금 다급해 보였다. 오후 2시까지 그는 안양교도소에 가야 했다. 2006년 5월부터 그는 안양교도소 교정시민옴부즈만으로, 재소자와 민원인들의 고충 사항을 직접 청취해 문제를 중재하고 개선 의견을 제시하는 일을 하고 있다. 일주일에 두 차례씩 들러서 활동하는 이 일이 끝나는 4시쯤, 이번엔 안양경찰서에 간다고 했다. 경찰서를 찾는 청소년들의 성격검사를 위해서였다. 이 일은 부를 때마다 간다.

박희찬 씨는 사회적 약자들에게 관심이 많다. 신경이 쓰인다고 한다. 학부에서 사회복지를 공부한 것도, 대학원에서 심리학을 공부한 것도, 다시 철학과 학부 과정에 편입한 것도, 소외된 사람들에게 마음이 기울어서라 했다.

직장생활하다 독학으로 늦게 시작한 공부의 불씨를 꺼뜨리지 않고 계속 이어가는 건, 제대로 알아야 대안을 내놓을 수 있다고 믿는 까닭에서다.

"학부 마치고 대학원에서 심리학을 시작했다. 구체적 사회현실 속에서 어떻게 하면 인간이 행복할 수 있을지 심리학을 통해 배울 수 있을 거라 생각했다. 약자가 약자로 살아야 하는 까닭이 뭔지 알고 싶었고, 대안도 찾고 싶었다. 원인과 대안을 알면 미리 막을 수도 있을 거라 믿었다. 그런데 심리학 공부가 내겐 너무 어렵더라. 기초부터 다시 공부하고 싶어 철학과에 편입했다."

좋은친구만들기운동에 참여해 경수를 만난 것도 같은 까닭이었다. 청소년들을 이해하고 싶었다. 이해한 후, 친구로서 뭘 할 수 있을지 알아보고 싶었다.

그는 멘토 중에서도 고령에 속했고 경수완 스무 살 차이가 났다. 경수 나이보다 더 많은 시간을 먼저 태어나, 비지땀 흘리며 세상을 헤쳐 왔다. 이십 년은 물리적으로 보면 아득한 세월일 수도 있다. 박희찬 씨는 자신이 살아 온 삶과 경수가 살아 온 시간이 어떻게 조우할지, 스스로도 궁금했다고 한다. "이런저런 이유로 미뤄 왔던 일들을 나이 먹어서 하니까, 재미있다"며, 그는 웃었다.

경수 바로 보기

멘토링 결연식에서 처음 만난 경수는 자신이 점찍은 예쁜 누나와 결연을 맺고 싶어 했다. 보호관찰 담당 선생님과 상의한 결과, 그렇게는 안 된다는 답변을 들었다. 내가 아니면 결연 자체가 불가능했다. 경수가 선택하도록 했다. 결연식이 끝날 즈음, 경수에게서 멘티가 되겠다는 말을 들었다. (2005. 7. 10. 서울보호관찰소)

"섭섭하지 않았다. 그 정도에 섭섭할 나이는 아니잖은가?"

자신이 아닌 누나가 좋다는 경수의 말을 박희찬 씨는 무던하게 받아넘겼다. 정작 마음이 쓰인 부분은 따로 있었다. 경수에겐 경수를 비딱하게 바라보게 만드는 몇 가지 요인들이 있었다.

자신의 멘토로 예쁜 누나를 직접 골랐을 만큼 경수는 이성에 관심이 많았다. 으레 그럴 수 있는 나이였으나, 경수는 좀 과한 듯 보였다. 보호관찰 사유도 미성년자 성추행이었고, 여동생에 대한 태도 또한 아슬아슬했다.

"경수가 성에 대해 다소 왜곡된 인식을 갖고 있는 것 같았다. 어머니도 걱정하고 계셨다. 경수가 여동생을 종종 만진다는 이야기를 하셨다. 동생이 싫다는 의사표시를 확실히 하는데도 말이다."

경수는 음란물 매매에도 연루돼 있었다. 이 일로 경찰 조사까지 받았다. 처벌을 받진 않고 참고인 조사 정도로 마무리된 일이었다. 조사 과정에서 "어떻게 행동해야 할지 모르겠다" 며 경수는 "무섭다" 토로하기도 했다.

부모님의 반응은 대조적이었다. 경수의 어떤 행동이든 어머니는 대개 받아주는 편이었다. 아버지는 달랐다. 매우 엄했다. 경수가 조금만 잘못해도 크게 야단쳤다. 경수는 아버지가 무섭다며 울기도 했다.

어머니는 용납하기만 했고, 아버지는 엄하기만 했다. 반응이 극단적으로 다른 부모 앞에서, 경수가 취하는 행동도 극단적으로 달랐다. 어머니에겐 거칠게 대했고, 아버지 앞에선 무서워 꼼짝 못했다.

경수 어머니와 전화통화를 했다. 경수가 집안의 귀둥이로 자랐다고 말씀하셨다. 무조건적으로 허용해 준 탓에 타인과의 관계에서 자기중심적인 기질이 있다는 것이다. (8월14일)

집을 방문하면 어떻겠냐는 제의에 경수가 수락했다. 집에서는 분노를 표출하는 행위를 다소 두드러지게 보인다는 어머니 말씀에 밖에서 만나는 경수와 많이 달라 의아했다. 아버지 외에 다른 가족 구성원에게 폭력적인 모습을 자주 보인다고도 했다. 어머님과 적절한 해결책을 생각해 보기로 했다. (9월4일 경수네 집)

여러 모로 경수는 색안경 낀 시선 때문에 상처받기 좋은 조건이었다. 자칫 경수에 대한 시선은 고정관념으로 굳어질 수 있었다. 화석화된 고정관념은 사실 이상의 오해를 낳고, 오해는 경수의 삶을 난도질할 것이었다.

경수를 바로 봐 주는 것, 경수를 덧씌워진 모습이 아닌 본 모습을 발견해 주는 것이 절실하다고 그는 생각했다.

약속 파기와 인내

돌아오는 기차 안에서 편지를 주고받았다. 난 경수에게 "오늘 프로그램 끝까지 잘 해 줘서 고맙다" 고 했다. 경수는 내게 "친구들과 노느라 많은 시간 같이 있어 주지 못해 미안하다" 고 했다. "자기에게 잘 대해 줘서 고맙다" 고 썼고, "멘토링 끝날 때까지 최고의 멘토와 멘티가 되자" 고 썼다. 경수의 마음이 움직였을까? 흐뭇한 미소가 내 입가에 맴돌았다. (8. 27. 경기도 양평 신론리)

결연 맺은 지 한 달이 좀 넘었을 때였다. 전체 프로그램차 양평에 다녀오던 날, "열심히 하겠다" 는 경수의 말에 박희찬 씨는 마음이 흐뭇했다. 경수의 진심을 본 듯했다. 편견어린 시선 속에 감춰진 경수의 또 다른 모습을 찾아낼 수 있을까, 기대됐다. 좀 더 친해진 것 같기도 했다. 나이차가 커 평소에 "선생님" 이라 부르던 경수는 기분이 좋아질 때면 "야, 박희찬" 하며 '맞먹기도' 했다.

"최고의 멘토 멘티가 되자던 녀석이 약속은 여전히 안 지키더라(웃음). 하지만 그렇게 마음 먹었다는 것 자체가 내겐 예뻐 보였다."

박희찬 씨가 경수에게 한 발짝 내딛는 과정은 경수의 약속 파기에 대한 인내의 과정이나 마찬가지였다.

경수와 열두 시에 홍제역에서 만나기로 약속했다. 열한 시 사십 분경 도착, 경수에게 전화해 어디쯤인지 물었다. 아직 집이라 했다. 바로 오겠다고 하고는 전화를 끊었다. 경수가 도착한 시각은 오후 한 시 삼십 분이 다 되어서였다. (7. 24. 안산)

서울 화곡 전철역에서 오후 다섯 시에 만나기로 하고 시간에 맞춰 나갔다. 다섯 시에 경수는 집에 있었다. 씻고 나올 때까지 사십 분 이상을 기다렸다. 짜증과 회의가 생기려는 마음을 추슬렀다. (9. 4. 화곡)

모둠 활동이 예정된 서울시민안전체험관에 가던 중 경수에게 문자가 왔다. 집에서 엄마하고 싸웠고, 멘토링을 더 이상 하기 싫고, 체험관에도 가기 싫다고 했다. 전화를 하고 문자도 보내봤지만, 경수는 막무가내였다. 어쩔 수 없었다. 차를 돌려 집으로 가던 중 경수에게 마지막으로 전화했다. 경수가 이젠 기분이 풀렸다고 했다. 나더러 데리러 와 달라 했다. 밖에서 한 시간 이상을 기다린 후에야 경수를 만날 수 있었다. (11. 6. 건국대학교)

때로 경수는 말투도 송곳 같았다.
대화는 대개 이런 식이었다.

"난 도착했다. 어디쯤 왔냐?"
"집이요."
"약속 시간 다 됐는데, 아직도 집이야?"
"예."
"얼마나 걸릴 것 같은데?"
"모르죠. 나가 봐야 알죠."
"빨리 와."

나오더라도 두 시간은 늦기 일쑤였다.

"야, 두 시간 기다렸다. 한 시간 내로 오면 좀 좋냐."
"오다가 모자 사느라고 늦었어요."
"모자를 왜 사?"
"머리가 빡빡이라서요."

더 심한 경우도 있었다.
"거의 도착했다. 나와라."
"안 갈래요."
"이제 와서 왜 그래?"
"엄마랑 한바탕 했어요."
"그래도 집 앞까지 데리러 왔는데, 좀 나와라."

"안 간다면 안 가는 줄 아세요."

"경수야. 그러지 말고 · …."

"안 간다니까. 한 번만 더 전화해 봐요, 진짜."

"알았어. 마음 바뀌면 나와."

"멘토의 입장이 아니었다면 못 참았을 수도 있다" 고 박희찬 씨는 회상했다.

"최고의 멘토였어요"

봉사활동 내내 장애인들과 친밀하게 지냈으며 마음으로부터 그들과 함께 하려는 모습을 보여 줬다. 다른 멘티들과도 잘 지냈다. 이번 활동이 경수에게 많은 도움이 된 같다. 성격이 활달해 다른 사람에게 종종 꾸지람을 듣기도 하지만, 난 경수의 그런 성격도 장점으로 보고 싶다. 약속도 잘 지키고 봉사활동도 잘했다. 멘토링을 통해 경수는 많은 게 좋아진다. 경수는 잘하고 있으며 또한 노력하고 있다. (9월 25일 경기도 광주)

경수는 점점 적극적으로 참여했다. 프로그램도 즐겼다. 몇 시간씩 기다리게 하고서도 하기 싫어 몸을 빼던 때와는 달랐다. 좀 더 참고 좀 더 기다려 줬기에 가능한 일이라고 박희찬 씨는 믿었다.

"보호관찰 청소년이 특별한 게 아니다. 경수처럼 '화려한 경력' 을 가진 친구라 해서 편견을 가져서는 안 된다. 인내가 필요하고, 이해가 필요하다. 기다려 주지 못하고 이해하지 못하면, 그에게 붙은 편견의 딱지는 결코 떼어지지 않는다."

경수는 다른 사람을 걱정할 줄도 알았다. 좋은친구만들기운동을 통해 알게 된 멘티 중 한 명으로, 성매매에 연루돼 멘토링 기간 중에 구치소에 수감된 형이 있었다. 경수는 구치소로 면회를 다녔고, 진심으로 마음 아파했다. 불안하기는 경수도 마찬가지였다. 2005년 초, 경수는 후배의 자전거와 돈을 빼앗은 적이 있었다. 멘토링 기간 중에 법원으로부터 소환장이 날아왔다.

경수는 기존의 보호관찰 건에 자전거 건이 합쳐져 처벌 수준이 더 커지는 것 아닌가 걱정했다. 청소년에게 가장 무서운 것은 사회적 낙인이다. 한번 낙인이 찍히면 주위로부터 완전히 소외될 수 있다. (10월 27일 서울성동구치소)

박희찬 씨는 경수 편이 돼 주려 노력했다. 누군가 경수 편이 필요할 때였다. 그는 경수의 사회적 지지망이 돼 주고 싶었다. 경수가 혼자가 아니란 걸 끊임없이 느낄 수 있도록 신경 썼다. 경수의 재판날짜가 잡히자, 그는 탄원서를 써 재판부에 보냈다.

"잘못을 저지른 송경수의 행위는 어떠한 이유로도 정당화 될 수 없습니다. 하지만 본인 스스로 깊이 뉘우치고 있으며, 자발적인 사회봉사 등으로 잘못을 반성하고 있습니다. 한때의 실수라도 타인에겐 큰 상처를 입히는 일임이 분명하나, 잘못을 깊이 뉘우치는 청소년들에겐 사회의 지지 또한 반드시 필요합니다." (탄원서, 2005년 11월8일)

짧은 멘토링 기간 동안 멘티가 변화되길 기대하는 건 무리였다. 그저 자기 주위에도 믿고 지지해 주는 이들이 있음을, 경수가 알게 되길 바랄 뿐이었다. 경수가 알았는지는 지금도 자신할 수 없다. 다만 결연 기간이 끝났을 때, 경수는 휴대전화 문자 한 통을 보내왔다. 양평을 다녀오는 날 그에게 써 줬던 편지 글을 경수는 잊지 않고 있었다.

"감사합니다. 최고의 멘토 선생님이었어요."

이야기 3

함께 자라는 남매처럼 시시콜콜 멘토링

멘토 윤지혜

멘토 윤지혜, 당시 21세, 대학2년생

멘티 한성준(가명), 당시 18세, 고교2년생

멘토링 기간 2002년 4월 ~ 11월

만남

한동안 비가 퍼붓더니 이번에는 더위가 쏟아지고 있어. 군대 생활을 겪어 보진 못했지만 여름과 겨울이 가장 고생스럽다던데, 아픈 데 없이 잘 지내고 있는지 궁금하네. 나도 한여름 더위에 시달리는 것 빼고는 잘 지내고 있어. 내가 더위를 좀 타잖아.

네가 입대한 지 벌써 몇 달이 흘러 버렸네. 얼마 전 네가 편지 좀 보내라며 전화했을 때 말이야. 그새 네 입에 벤 군대식 말투를 두고 놀리긴 했지만, 잘 적응하고 있는 것 같아 얼마나 마음이 놓였는지 몰라.

가족, 친구와 떨어져 낯선 사람들과 보내는 시간이 많이 힘들 것 같아 걱정하고 있었거든. 장난쳤다 투덜댔다 하는 네 목소리 듣고 기뻤어. 한시

름 놨다고나 할까.

너 군대 가기 직전에 만났던 일 생각난다. 일찍 만나 밥 먹고, 이야기 하고, 사람들과 모여 술도 한잔 했지. 그때 너랑 처음으로 술 마신 거였잖아. 정말 이상하더라. 이제 넌 미성년자가 아닌데, 미성년자랑 술 마시는 기분이 들어 무척이나 어색했어. 헤어지며 악수했을 땐 네 눈에 그렁그렁한 눈물에 어찌나 마음이 짠하던지. 한번 힘껏 안아줄 걸 하는 생각, 너 보내고 나서야 자꾸 들더라.

2002년, 윤지혜 씨는 성남KYC를 찾았다. 스물한 살, 대학 2학년 학생이었다.

KYC가 하고 있는 좋은친구만들기운동을 친구의 소개로 알게 되었을 때였다. 그는 전공도 사회복지였겠다, 중학생부터 줄곧 자원활동을 해 왔다는 것, 대학 선배가 성남KYC에서 일하고 있다는 점 등이 멘토링의 계기가 됐다고 한다.

윤지혜 씨는 KYC에서 운영하는 멘토링 프로그램의 3기 수료자였다. 당시엔 KYC도 멘토링 사업을 시작한 지 오래지 않은 때라 운영 체계가 완전치 못했다. 멘토링에서 활용할 수 있는 노하우가 많이 쌓인 것도 아니었고, 사전 교육도 충분하지 못했다. 멘토링에 응용할 수 있는 선례나 참고할 만한 자료도 거의 없는 지경이었다. 그래서 처음 지혜 씨는 '맨 땅에 헤딩' 하는 기분이었다고 한다. 낯선 사람과의 관계 맺기도 버거울 때였다.

2002년, 한성준(가명)은 열여덟 살이었다. 고등학교 2학년 학생이었고, 학교를 자주 빠졌다.

성준이는 아버지를 무서워했다. 아버지는 가정을 떠나 살았고 어머니는 식당일을 하며 그와 동생을 키웠다. 아버지에게 화가 났지만, 성준은 티를 내지 않았다. 안으로 삼킬 뿐이었다. 성준은 성남보호관찰소에서 보호관찰을 받던 중이었다. 오토바이 절도죄. 하고 싶은 말은 많아도, 쉽게 마음을 열지 못할 때였다.

2002년 봄, 두 사람이 만났다.

빨간 모자

우리 처음 만났을 때 기억나? 소심한 내가 어떻게든 대화를 이어 보려 이것저것 물으면, 넌 "네" "아니요" 혹은 고개 끄덕이는 게 다였어. 좀 길게 대답한다 싶어도 한두 문장이 고작이었지. 눈이라도 마주칠 것 같으면 얼른 고개를 돌리기 일쑤였고, 푹 눌러 쓴 모자를 더 당겨 내리기도 했어. 그때 떠올리면, 그 놈의 빨간 모자만 생각나는 거 있지.

그날 밤이었을 거야. 전화 통화 엄청 길게 했잖아. 두 시간은 한 것 같아. 대부분 네가 이야기했어. 나 정말 깜짝 놀랐었다. 얘가 정말 한성준 맞나 싶었다니까. 전화기 속 너는 시시콜콜한 것까지 끊임없이 조잘대고 있었으니 말이야. 마치 몇 달을 말 못한 사람 같았다니까. 근데 얼마 후 만났을 땐 또 말이 없어지더라. 얼마나 황당하던지. 그런 상황을 몇 번 반복하고 나서야 너는 눈을 피하지 않았어. 그때부턴 말도 안 되는 걸로 날 놀려대곤 했지. 뭐, 나도 만만치 않게 받아치긴 했지만 말이야.

처음 만난 날 지혜 씨는 이것저것 많이 물었다. 오래도록 이야기했지만 성준은 조용하기만 했다. 빨간 모자는 성준의 눈을 보여 주지 않았다.

신상에 대해 꼬치꼬치 묻지 않으려, 지혜 씨는 노력했다. '좀 놀아 봤다' 는 친구의 이야기가 떠올랐다. 고등학교 시절 웬만한 남학생들은 자동차 문도 한두 번 따 보고 자판기 자물쇠도 건드려 본다, 더 나가면 문제겠지만 거기서 멈추면 괜찮다, 친구는 말했었다. 편견을 갖지 않으려 신경 썼다. 편견은 생살도 곪아 터지게 만드는 나쁜 균 같았다.

지혜 씨는 자기 이야기부터 꺼냈다. 서로 마음 여는 데 도움이 될까 싶었다. 대학교에 입학하자마자 아버지가 돌아가셨다. 오랫동안 병상에 계셨던 아버지는 루게릭 병을 앓으셨다. 불치병이었다. 중학교 1학년 때 발병해 일곱 해를 앓으셨다. 치료법이 없어 입원도 못하셨다. 가장 무서운 건 꼼짝 않는 몸에 말짱한 의식이었다. 지혜 씨와 동생을 학교에, 어머니를 직장에 두고 아버지는 홀로 떠나셨다.

침묵 자체가 할 말이 없음을 뜻하진 않았다. 때에 따라 침묵도 언어였다. 침묵을 표현의 한 방식으로 받아들일 때, 침묵하는 이와 침묵을 지켜보는 이 사이에선 침묵도 대화였다.

기다려 주는 침묵은 망설이는 침묵을 깨뜨렸고, 깨진 침묵 사이로 언어가 쏟아졌다. 전화가 그 매개가 됐다.

신기했다. 전화기로 얘기할 때, 성준이는 수다쟁이가 됐다.

하고 싶었으나, 못한 말이라도 있는 듯했다. 한번 전화하면 성준이는 끊을 줄 몰랐다. 달아오른 전화기로 귀가 뜨거워질 지경이었다. 두 시간 통화는 지혜 씨에게도 '고문' 이었다. 다만 성준이에게 해 줄 수 있는 일은 그가 말을 그칠 때까지 끊지 않고 들어주는 거라고 지혜 씨는 생각했다. 성준이는 시시콜콜 이야기했고, 지혜씨도 시시콜콜 받았다.

"누나 뭐 해요?"

"뭐 하긴, 네 전화 받지. 지금 일어났냐?"

"네."

"오후 두 시다. 어젯밤에 뭐 했냐?"

"밤에 일이 좀 있어서요."

"술 마셨냐?"

"술은 무슨…."

"속 쓰리면 밥 먹어라."

"집에 밥 없어요. 엄마가 밥 안 해 놓고 나갔어요."

"해 먹으면 되잖아."

"밥 못해요."

"나이가 몇 살인데 밥도 못하냐?"

"열여덟 살이요."

"헉…. 그럼 학교도 안 갔냐?"

"네."

"학교 좀 잘 다녀라."

"아줌마나 잘 하세요."

입영열차 타기 전, 훈련소 입소 전, 전화할 수 있는 마지막 순간까지 성준이는 전화를 걸어 왔다. 한번 말을 나눠 준 뒤부터, 성준은 말을 아끼지 않았다.

남동생

나한테 넌 남동생 같았어. 실제로도 내 동생처럼 컴퓨터 게임 좋아하고, 만화도 좋아하고, 친구들과 놀기 좋아했거든. 우리가 좀더 쉽게 친해진 이유인지도 몰라. 정말 내 동생 같아서 이것저것 챙기게 됐으니까. 일찍 좀 일어나라, 밥 좀 잘 챙겨 먹어라, 은근히 잔소리 많이 했었잖아. 넌 좀 귀찮았는지도 모르지만, 그거 내 동생한테 하는 말들이거든. 다 누나 같은 마음에서 나온 거라고. 고맙지? 실은 내 동생도 좀 지겨워하긴 해. 후훗.

그러면서 나도 조금씩 변해갔던 것 같아. 그 전까지 난 처음 보는 사람 앞에선 왠지 모르게 긴장 되서 말도 잘 못하고 표정도 딱딱해지곤 했거든. 마주한 사람마저 덩달아 긴장하게 만들어서 쉽게 친해지질 못했지. 첫인상이 차갑다는 말을 많이 들었으니까. 하지만 너와 티격태격하는 중에 나도 모르게 사람들과 관계 맺는 법을 배웠나 봐. 이젠 거꾸로 첫인상 좋다는 말을 많이 들을 정도로.

만남은 우연으로도 가능하나, 인연엔 의지가 필요했다. 상대방이 쳐 놓은 벽, 자신이 쳐 놓은 벽, 겹겹이 쳐진 벽을 뚫지 않고선 만남이 인연이 될 순 없었다. 상대의 벽을 허물려면 자신의 벽부터 무너뜨려야 했다.

지혜 씨에게 관계 맺기는 늘 버거운 짐이었다. 쉽게 다가가지 못했고, 쉽게 다가오게 하지도 못했다. 곧추선 벽을 앞에 두고, 멘토링은 불가능했다. 스스로가 관계를 만들어가야 했다.

다행히 성준의 취미는 남동생과 비슷했다. 성준을 남동생 대하듯 했다. 그런 동생 성준은 가끔 약속에 늦었고, 두 번쯤 바람도 맞혔다. 그럴 때면 누나는 화를 냈다. 성준은 "누나 미안해" 하며 달랬고, 그러다 풀어지면 또 같이 놀았다.

컴퓨터 게임, 만화책이 대화거리가 돼 줬다. 둘 다 학생이었고, 지혜 씨의 경우 학비와 용돈은 직접 벌어 쓰고 있었다. 돈 안 드는 걸 찾아야 했다. 공원을 산책하고, 때로 영화를 보기도 했다. 2인용 자전거를 같이 타고, 편지도 써 줬다. 싫다는 성준이를 끌고 큰 서점에도 갔다. 가고 싶은 곳, 하고 싶은 일을 한 번씩 번갈아 만남을 이어갔다. 주로는 이야기를 많이 나눴다.

그러다가 빨간 모자 속에 감춰졌던 성준의 진짜 얼굴이 보이기 시작했다. 어두운 듯했던 성준인 사실 아주 밝은 친구였다.

맞은편에서 누군가 벽을 흔들어대자 성준이도 흔들리는 벽을 함께 밀어서 무너뜨렸다. 성준이가 자신의 벽을 깨기 시작했을 때, 지혜 씨 또한 자신을 가로막던 벽이 허물어지는 걸 느꼈다.

사람 만나는 게 더 이상 두렵지 않았다. 멘토링은 지혜 씨 스스로를 치유하는 과정이기도 했다. 의지는 만남을 인연으로 발전시켰고, 인연은 지금까지 이어지고 있다.

멘토가 된 성준

돌아보면 우린 남매처럼, 또 친구처럼 서로 이야기 들어준 게 전부였던 것 같아. 사실 그래서 내가 좀 속상했었는데, 몰랐지? 나는 나름대로 좀 더 그럴듯한 의견을 주고 싶었는데, 나도 학생, 너도 학생, 고작 세 살 차이다 보니 쉽지가 않더라. 그래서 나 은근히 속 많이 끓였었다. 괜히 아까운 네 시간만 허비하고 있는 건 아닌가 싶어서. 더군다나 내가 좀 억지를 잘 부려야지. 하기 싫다는 거 다 시키고, 가기 싫다는데 막 끌고 다니고. 아이고, 나에 대한 원한이 마구 쌓이고 있는 것 아닌가 하는 생각까지 살짝 들었다니까.

그런 내 걱정을 한 번에 날려 버린 일이 있었어. 뭔지 알겠어? 한참 걱정하고 있을 때쯤 내 생일이 돌아왔거든. 생일날 정각 영 시가 되자 너한테서 문자가 온 거야. "생일 축하한다" 고. 내가 얼마나 기뻤는지 넌 모를 거다. 너무 좋아서 입이 귀에 걸렸었지. 오밤중에 혼자 히죽히죽 웃으며 문자를 보고 또 보고 그랬어. 정말 꿈에라도 내 생일을 기억하고 있을 거라 생각하지 못했거든. 그리고 안심했어. 내가 너한테 마냥 잘못하고 있는 건 아니라는 생각이 들었으니까. 아마 평생 잊지 못할 거야.

상담하고 충고만 하는 건 멘토링이 아니다. 이야기 들어 주고 같이 고민해 주는 게 더 중요하다 생각했다. 실은 할 수 있는 게 그것밖에 없었다.

여섯 달이란 짧은 시간 안에 사람을 바꾼다는 생각은 터무니없었고 가능치도 않았다. 지혜 씨의 목표는 그냥 친해지는 것이었다. 그 이상 욕심을 부릴 때, 성준이와의 멘토링 자체를 망칠 수 있었다.

성준이 정말 편하게 이야기할 수 있는 사람이 된다면 그걸로 성공이라고 지혜 씨는 생각했다. 자칫 섣불리 권위를 내세우다가는 가까스로 열린 성준이의 말문까지 닫힐 수 있어서였다.

다만 성준이에게 조금 미안한 것이 있었는데, 그것은 세 살밖에 되지 않는 나이차였다. 성준이는 편한 누나처럼 느끼는 듯했지만, 멘토인 지혜 씨는 종종 아쉽게 느꼈다.

좀더 사회경험이 풍부한 나이라면 성준이에게 해줄 수 있는 일과 정보가 많았을 텐데, 직장이 있거나 좀 더 안정된 기반을 갖고 있다면 성준에게 더 의지가 될 수 있었을 텐데… '물어 봐야 조언도 못할 걸 뭐 하러 얘기해' 하고 성준이 생각하지 않을까, 자칫 쓸데없는 이야기를 해서 성준의 마음을 다치게 하지나 않을까, 성준은 날 정말 만나고 싶어서 만날까, 어쩔 수 없어서 만나는 건 아닐까, 내가 과연 성준에게 도움은 되는 걸까…

지혜 씨는 끊임없이 갈등했다.

결연 기간이 끝날 때쯤 성준은 많이 달라져 있었다. 멘토링 때문인지는 알 수 없었지만, 성준은 더 이상 눈을 피하지 않았다. 말도 먼저 걸어 왔고, 대화도 주도했다. 얼굴이 밝아졌고, 웃을 때도 맘껏 웃었다. 감정 표현이 확실해졌다. 공부도 하고 싶어 했다. 대학에 가서 경영학을 공부하고 싶다 했다. 결국 포기했지만, 일 년 가까이 대학 입시 공부도 했다.

무엇보다 성준이는 멘토가 됐다.

프로그램 끝날 무렵, 성준은 멘토가 되고 싶다고 했다. 딱히 이유를 말하진 않았다. "그냥 하고 싶다, 좋은 것 같다" 고만 했다. 그런데 그저 해 본 말이 아니었다. 고등학교 졸업 후 멘티 성준은 정말 멘토가 됐다.

성남KYC에선 성준이 멘토링 활동에 무척 열심이었다고 평가했다. 멘티를 잘 만났고, 꼬박꼬박 일지도 잘 썼다고 한다.

대학을 포기한 성준은 일을 했다.

휴대전화를 팔았고, 옷가게에서 일했으며, 대형 마트에서 야간 경비로 일했다. 보험을 몇 개 들었다니 적금을 몇 개 붓고 있다니, 지혜 씨가 잠시 어학연수를 다녀온 후에 다시 만난 성준이는 자기 삶을 책임질 줄 아는 성인이 돼 있었다.

몇 달 전, 성준이 첫 휴가를 나와도 만나지 못했던 지혜 씨는 "자식에게 바람 맞은 기분이었다" 며 웃었다.

오늘이 입추였어. 이 편지가 도착할 때쯤이면 더운 여름도 한풀 꺾이겠지. 가을이 되면 지금보다는 군 생활도 나아졌으면 좋겠다. 고생스럽더라도 조금만 참아. 가을이 무르익을 때까지 더위 조심하고 여름 감기도 조심해. 언제나 건강이 최고 인 거 알고 있지?

다시 볼 때까지 안녕!

2006년 8월 8일 누나가

* 편지글은 윤지혜 씨가 직접 쓴 글을 실었습니다.

이야기 4

멘티는 멘토의 멘토다

멘토 이남지

멘토 이남지, 당시 24세, 대구KYC 상근자

멘티 정순희(가명), 당시 22세, 새터민

멘토링 2005년 6월 ~ 2006년 6월

정순희

"언니야~"

남지 씨를 발견한 순희 씨의 얼굴이 환해졌다.

"잘 지냈나?"

남지 씨도 반가워한다.

"몬 지낼 게 뭐 있겠노."

두 여자들이 팔짱을 낀다.

"공부는 잘 되나?"

학원 공부를 마치고 나온 순희 씨에게 남지 씨가 물었다.

"재밌다."

순희 씨 목소리가 밝았다.

"시험은 잘 봤고?"

며칠 전 치른 순희 씨의 검정고시 결과가 궁금했다.

"잘 봤지. 쉽더라."

줄곧 대구에서 살아 온 남지 씨의 사투리는 억셌다.

"니 말투 완전 대구 사람이다."

대구 생활이 2년이 채 안 된 순희 씨의 사투리도 억셌다.

"대구 사는데 대구 사람이지, 서울 사람이겠나."

두 사람은 매한가지로 억셌다.

"밥 무로 가자. 배고파 죽겠다."

순희 씨는 언니를 기다리느라 밥 때를 놓쳤다.

"뭐 먹을래?"

"언니야 먹고 싶은 거."

"니 먹고 싶은 거 먹어라."

"싫다. 언니 먹고 싶은 거 먹자."

"너 좋은 거 먹자니까."

"언니 좋은 거 먹을란다."

"난 다 좋다."

"나도 다 좋다."

두 사람은 한동안 그러고 있었다.

순희 씨는 새터민이다. 1984년생이다. 처음 탈북한 곳은 중국이었다. 십대에 엄마와 단둘이서였다. 아버지는 동행하지 않았다. 군복무 중인 오빠도 북한에 남았다.

중국 생활은 늘 불안했다. 2004년 말 남한으로 왔다. 역시 엄마와 둘 뿐이었다. 국군포로였던 외할아버지의 친척들이 남한에

꽤 있으며 주로 경상도에 산다. 친척과 가까이 대구에 정착한 순희 씨는 활달했으며 뭐든 열심이었다. 공부부터 시작했다.

중등 검정고시를 준비하던 중에 국정원 문서 작성에 오류가 생겼다. 초등 과정부터 다시 시작해야 했던 순희 씨가 힘들어했다. 하지만 잘 이겨내고 2006년 초 초등검정고시에 합격했다. 같은 해 8월, 중등 시험을 쳤다. 늦어도 내년까진 대학 입학 과정을 끝낼 생각이다.

이남지

"영어가 참 어렵다."
"넘의 나라 말인데, 당연히 어렵지."
"그래도 재미있다."
"재밌으면 다행이고."
"다음 달부턴 중국어 학원도 다닐란다."
"니 중국어 잘 하잖아."
"뭘 해도 제대로 해야 할 거 아이가."
"그건 그렇다."
"중국어도 더 잘하고 싶고, 미용 · 패션도 공부하고 싶고, 사회복지도 관심 있고. 하고 싶은 건 많은데, 시간은 촉박하고…."
"진짜 하고 싶은 게 뭔지 천천히 찾아 나가면 된다. 조급해 마라."

"까마득하다. 운 좋게 대학 졸업 한다 케도 걱정이다."

"열심히 하면 다 된다. 와 자꾸 불안해하고 그라는데?"

"나이가 많으니까 안 그라나."

"괜찮다카니까."

"안 괜찮다니까."

"요즘은 능력만 있으면 나이는 큰 문제 안 된다."

"언니는 어째 그리 태평하노."

"니는 중국어만 할 줄 아는 게 아니라, 중국 경험까지 안 있나? 사회복지는 인내심이 있어야 하는데, 넌 참을성도 많고 책임감도 안 크나?"

"안 그렇다니까, 아줌마야."

남지 씨는 대구KYC 상근활동가로 일한다. 1982년생. 좋은친구만들기운동 담당자다.

KYC와 인연을 맺은 건 2004년 12월, 자원활동가로 나서면서부터다. 새터민 멘토링 프로그램 '통일길라잡이'는 대구KYC로선 처음 시작하는 사업이었는데, 남지 씨가 1기였다. 순희 씨도 그때 처음 봤다. 2005년 6월에 결연을 맺었고, 한 해 동안 무척 자주 만났다. 남한 음식이 맞지 않아 고생하던 순희 씨 첫인상은 까맣고 바짝 마른 소녀였다. 너무 쾌활했고, 당당했다. 주눅 들지도 않았고, 새터민 같지도 않았다. 새터민에 대한 선입관이 다 깨졌다. 멘토-멘티 관계로 만나지 않았다. 언니-동생으로 만났고, 크게 싸우기도 했다. 싸우고 풀고 또 싸우고 풀면서, 남지 씨에게 순희 씨는 '특별한 새터민'이 아닌 '그냥 동생'이 되었다. 2005

년 5월부터 남지 씨는 대구KYC 상근자로 일하고 있다.

"언제까지나 언니로 남을게"

좋은친구만들기운동과 통일길라잡이는 어떻게 다른가?

"통일길라잡이는 보호관찰 청소년을 주 대상으로 하는 좋은 친구만들기운동과는 별개로, 대구 KYC에서 운영하는 북한이주민 멘토링이다. 지역 KYC에서도 몇 군데 안 하는 걸로 알고 있다.

유독 대구에 북한이주민(새터민)이 많아서는 아니다. 새터민에 관심을 갖게 된 건 KYC의 정체성과 관련이 있다. KYC가 지향하는 가치 중 하나가 평화다. 평화는 통일이 돼야 가능하다. 작지만 통일을 위해 실천할 수 있는 게 뭘까 고민했다. 새터민에 대한 잘못된 인식부터 바꿔야 한다고 판단했다. 활동하면서 나부터 많이 바뀌었다. 난 1기 멘토였고, 당시는 자원활동가였다. 2006년 9월에 3기 활동이 시작됐다."

새터민 멘토링이 처음이었을 텐데, 어려운 점은 없었나?

"처음에는 많이 어려웠다. 머리로만 접했던 사람들 아닌가. 같은 민족이라 생각은 했지만, 살아 온 환경이 너무 달라 두려움이 컸다. 어떻게 대해야 할지 난감했다. 전혀 다를 게 없는 사람들임을 알게 된 건 얼마 지나지 않아서였다. 순희만 해도 그렇다. 액세서리 좋아하고 꾸미기 좋아하는 남한 또래들과 똑같았다, 순희 때문에 나도 많이 배웠다."

정순희 씨와는 어떻게 연결됐나?

“대구는 새터민 지원체계가 부실하다. 북한이주민지원센터가 전담하고 있는 형편이다. 기본적으로는 센터에서 도움을 원하는 새터민을 소개받지만, 동사무소나 개별 인맥을 통해서도 물색하고 있다. 점차 경로를 확대하려고 한다. 순희도 센터를 통해 연결됐다. 원래 나와 결연 맺을 친구는 순희가 아니었다. 순희 집과 가까웠고, 순희가 언니뻘을 원해서 나와 맺어지게 됐다.”

탈북 계기는 무엇이었나?

“가정 문제로 어머니가 순희만 데리고 중국으로 일차 탈북했다. 중국에서 꽤 오래 동안 산 것 같다. 순희는 일을 했고, 친구들도 많이 사귀었다. 불안한 생활 때문에 어머니는 남한 행을 원하셨다. 친구들 때문에 처음엔 오기 싫었다고 한다. 어머니와 순희는 일본 대사관 문을 넘었고, 한동안 머물렀다고 들었다. 국정원 조사와 하나원 교육을 거쳐 대구에 정착한 지 이 년이 채 안 됐다. 남한에 오기 전 일은 본인이 이야기하지 않으면 물어 보지 않는다. 순희를 만나는 데 순희의 ‘과거’는 중요치 않다.”

남한 생활을 막 시작하며, 순희 씨는 무엇을 가장 힘들어했나?

“오빠에 대한 그리움이 가장 컸다. 탈북 당시 오빠는 군복무 중이었고, 지금도 그렇다. 오빠가 안 좋은 상황에 처할 수 있어 중국행과 남한행을 알리지 않았다고 한다. 보고 싶고, 미안한 마음에 걱정이 많았다. 합천에 평화기행을 간 적이 있었는데, 방송사에서 촬영차 동행했다. 순희를 찍지 말라고 촬영팀에 수차례

부탁했다. 순희 얼굴이 예뻐 그림이 된다고 생각했는지, 촬영팀은 막무가내였다. 나중엔 우리한테 화까지 내더라. 방송 때문에 오빠한테 무슨 일이라도 생길까 봐, 순희는 내내 불안해했다."

그런 순희 씨를 위해 특별히 신경 쓴 점이 있다면?

"순희는 매우 밝다. 친화력도 대단하다. 순희는 스스로 이겨내고 있었다. 그냥 동생 대하듯 하면 됐다. 다만 "프로그램 때문에 널 만나진 않는다. 그런 생각이었다면 애초에 만남을 시작하지도 않았다. 네가 싫다고 하지 않는 한 언제까지나 언니로 남겠다" 이렇게 말했다."

친해지기 위해 어떤 노력을 했나?

"일단 자주 만났다. 일주일에 네다섯 번은 만났고, 주말에 공동 프로그램이 있을 땐 일주일 내내 보기도 했다. 통일길라잡이 프로그램이 아니어도, 이런저런 KYC 행사에 많이 데리고 다녔다. 그냥 일상적으로 만났고, 일상적인 모임에 자연스럽게 섞일 수 있도록 했다. 너무 자주 만나다 보니, 일주일만 안 만나도 왜 그렇게 연락 안 했냐며 서로에게 화낸다."

멘토링은 가르침이 아닌 배움의 과정

부딪힌 적도 있었을 텐데.

"난 말을 툭툭하는 편이다. 종종 단어 사용도 아슬아슬하다.

말 때문에 오해하지 않도록 주의했다. 웬만해선 순희도 다 이해했지만, 크게 싸운 적도 있다.

내겐 순희 말고도 가깝게 지내는 새터민 친구들이 몇 명 있다. 순희랑 동갑인 친구가 있는데, 사정이 순희보다 훨씬 안 좋다. 혼자 내려왔고, 혼자 살고 있다. 공부도 초등 검정고시는 합격했지만, 중등 시험은 치르지도 못했다. 아무래도 순희보다 신경이 많이 쓰였다. 순희한테도 말했다. 두 사람 중에 그 친구가 더 걱정된다고 말이다. 순희가 섭섭했던 것 같다. 대구 KYC 회원 프로그램차 일본에 같이 간 적이 있었는데, 일이 터지고 말았다. 일본에서도 순희를 많이 챙기지 못했다. 난 순희 멘토이기 앞서, 단체 활동가였으니까. 마지막 날 회원들이 다 모인 뒤풀이 술자리에서였다. 순희는 '자기를 무시하는 사람'에 대한 '배신감'을 토로하며, 펑펑 울었다. 나를 지목하진 않았지만, 나인 줄 모르는 사람은 아무도 없었다. 난 나대로 상처받았고, 주위 사람들도 당황했다. 밖으로 나와 나도 많이 울었다. 서운했다. 돌아올 땐 서로 한 마디도 안 했다. 돌아와서도 한 동안 연락 안 했다."

어떻게 화해했나?

"순희를 안 보고 살 것도 아닌데 화해해야지 별 수 있나. 먼저 연락했다. 오해하게 했다면 미안하고, 못 챙겨 줘서 미안하다 했다. 풀라고 했다. 한 번쯤 거칠 수 있는 과정이라 생각한다. 순희가 새터민이어서가 아니다. 남한 친구들과도 만나다 보면 싸울 수 있다. 그냥 그런 거다. 그렇게 일상적인 관계가 돼 가는 거다. 다만, 쾌활 발랄한 순희의 모습에서 자기방어적인 면을 발견

할 수 있었다."

무슨 뜻인가?

"순희는 종종 남들이 자기를 무시한다고 생각했다. 못 배워서 무시하나, 못 살아서 무시하나, 북한에서 와서 무시하나, 이렇게 말이다. 난 순희가 얼굴도 예쁘고 성격도 당당해서 전혀 꿀릴 게 없다고 생각하는데, 순희 생각은 다르다. 대학을 졸업하고 자리를 잡더라도 얼마나 좋은 남자를 만나겠냐고 한다. 나하고 있을 땐 덜한데, 다른 사람 앞에서 순희는 과도하게 밝다. 자기가 힘든 상황에서도 그렇다. 순희는 자기 이야기를 정말 잘 한다. 숨기는 게 없다. 힘들면 힘들다고 이야기한다. 그러면서도 남에게 신세 지려 하지는 않는다. 나중에 자기 흠이 될 거라 생각하는 것 같다. 고집이 무척 세다. 자기가 한번 말한 건 꼭 지키려고 한다. 장점인 건 분명하지만, 스스로를 가두고 있다는 느낌도 많이 받는다."

어떻게 조언하나?

"그냥 내버려두는 편이다. 심하다 싶을 때만 가볍게 이야기한다. 폼 잡고 조언한다고 조언이 되는 것도 아니다. 시간이 해결해 줄 거라 생각한다. 좀 더 사람들과 어울리는 시간을 보내다 보면 나아질 것이다. 사실, 지금도 순희는 놀랍도록 잘 적응하고 있다. 평화길라잡이 활동까지 하고 있다. 평화길라잡이도 원폭피해 할머니 할아버지들과 결연을 맺는 일종의 멘토링 프로그램이다."

멘토의 입장을 앞세워 성급하게 충고하려 들지 않았던 것 같다.

"멘토란 말이 만들어졌을 때처럼 접근해선 안 된다고 생각한다. 트로이 전쟁에 출정하는 오딧세이가 가장 신뢰했던 친구 멘토에게 아이를 맡기면서 부탁한 건 아버지의 역할, 교사의 역할이었다. 하지만 내가 생각하는 멘토링은 배움의 과정이다.

지금 내가 맡고 있는 좋은친구만들기운동만 해도 그렇다. 나 역시 멘토로 참여하고 있는데, 내 멘티는 학교를 안 다닌다. 부모님과 같이 살지도 않는다. 검정고시 공부를 하는데, 그것도 잠시 쉬고 있다. 같이 사는 친구가 올해 검정고시를 봤다. 친구부터 공부시키고 내년에 하겠다는 거다. 자기 삶에 대한 책임감이 엿보인다. 많은 걸 배운다.

우리가 정의하는 멘토링은 부모와 자식, 스승과 제자, 선배와 후배의 관계라기보다, 친구 대 친구의 관계다."

순희 씨로부터는 어떤 걸 배웠나?

"힘든 점이 있어도 극복하려는 의지력이 대단하다. 한번 결심한 일은 쉽게 포기하지 않는다. 공부가 힘들면 어떻게든 방법을 찾아낸다. 시험이 두 달밖에 안 남았는데 수학이 계속 어려웠나 보더라. 직접 북한이주민지원센터에 전화해 도와 줄 사람을 붙여 달라 요청하더라. 붙여 주니까 정말 열심히 했다. 수학 성적도 잘 나왔다고 했다. 난 지금껏 순희만큼 노력하는 사람을 본 적이 없다."

사례들을 보면 멘토링은 돕는 과정이지만, 도움을 받는 과정이기도 한 것 같다.

“난 이 프로그램의 담당자이기도 해서 남이 챙겨 주는 것을 바랄 수 없다. 스스로 챙겨야 한다. 하지만 순희는 날 챙긴다. 밥 먹었냐는 말 한 마디라도 꼭 물어오며 걱정해 준다. 순희의 그런 의지력을 보며 나 자신이 힘을 얻는다.

순희를 만나면서 북한에 대해 좀더 진지하게 고민하게 됐고, 통일의 필요성을 더 절실하게 느꼈다. 순희가 아니었다면 생각해 볼 기회조차 없었을 것이다. 이제는 순희가 나의 멘토다.”

3장 ·

아름다운 동행을 위하여
멘토링 기술

멘토링, 시작과 마무리
무엇을 어떻게 할까

멘토링은 인생에서 청소년과 어른이 함께하는 아주 특별한 동행의 기억을 만든다. 불확실하다는 것 외에는 확실한 것이라곤 하나도 없는 청소년의 미래를 위해 친구 같은 어른을 만나는 일은 인생의 전기를 이루는 계기가 될 수도, 인생에 있어 지름길과도 같은 현명한 스승을 얻는 행운일 수도 있다.

멘토 역시 인생에서 자신이 직접 연출하는 최고의 드라마의 주인공이 되는 특별한 경험을 한다. 그러나 인생의 아름다운 동행을 만나는 일 또한 노력 없이 있을 수는 없으리라.

멘토링에 임하는 멘토는 청소년의 특성을 잘 이해하고 각 단계별 프로그램을 능숙하게 이끌면서 언제 어디서 어떻게 발생할지 모르는 변수도 고려하여 안전한 동행이 되도록 키잡이가 되어야 한다.

청소년 멘토링에 대한 충분한 사전 학습이 되었다면 구체적인 멘토링 실천 단계에서 필요한 멘토링의 기술이란 무엇인지 살펴볼 필요가 있다.

멘토링에 있어서 기술이란 원활한 의사소통 방법, 멘티들이 겪을 수 있는 일반적인 위기상황과 여기에 적절히 대처하는 방법들, 다루기 어려운 상황에 대한 대응 등에 관한 것이다.

누구나 청소년 시기를 지나 어른이 되고 부모가 된다. 멘토링에서 사용되는 유용한 의사소통 기술과 갖가지 돌발상황에 대한 대처법은 청소년을 둔 부모는 물론 청소년을 자주 접하며 살아가는 어른들에게도 매우 유용한 지식이 될 수 있다.

★ 멘토링의 준비

가슴 떨리는 멘티와의 첫 대면을 앞둔 멘토는 미리 청소년의 세계와 특성을 습득했던 것처럼 자신과 만날 멘티의 개별적인 입장과 환경을 잘 파악하고 있어야 한다. 즉 멘티가 겉으로 보이는 태도나 행동의 이면에 숨어 있는 멘티의 어려움을 볼 수 있어야 한다. 지금 멘티가 이러한 태도나 행동의 결과를 가져오게 한 멘티의 과거를 짐작할 수 있어야 하고, 멘티가 성장한 환경 속에서 영향을 미친 요인은 무엇이었는지를 마음의 눈으로 볼 수 있도록 멘토가 준비하는 것에서부터 멘토링은 시작된다.

멘토는 멘티에 대한 이해를 위해 세심하게 정보를 수집하고 분석하는 습관을 길러야 한다. 아마도 많은 멘티들은 부모의 폭력, 알코올 문제, 무관심, 부적절한 훈육, 부족한 성취경험, 학교에서 받은 상처, 사랑받지 못한다는 느낌 등을 간직하고 있을 확률이 높다. 멘티가 끊임없이 무엇인가 요구할 수도 있고, 침묵으로 모든 것을 회피하려고 할 수도 있고, 공격적이거나 대들 수도 있을 것이다. 그들의 이런 행동이 과연 무엇을 말하고자 하는지 이면을 읽으려는 노력이 필요하다.

훌륭한 교사에게서 훌륭한 제자가 나오고, 좋은 부모에게서 좋은 자녀가 성장하듯이 멘토링 프로그램에서 멘토의 역할은 무엇보다 중요하다. 멘토는 멘티를 잘 이해해야 하는 것만큼 자기 자신에 대해서도 잘 알고 있어야 한다. 나에 대한 이해는 타인을 이해하는 바탕이 되기 때문이다. 멘토가 자신의 강점과 약점을 잘 알고 있다면 멘토링 과정에서 나타날 수 있는 문제나 상황을 미리 예측할 수 있고, 적절한 대책을 마련할 수 있으며, 나아가 자신의 장점을 살려 더욱 효과적인 멘토링을 진행할 수도 있다.

멘토링은 특별한 도구나 교재를 사용하는 것이 아니라 멘토 자신이 도구가 되어야 하는 일이므로 자기에 대한 이해는 더욱 중요하다.

ⓣⓘⓟ 8. 멘토의 자기인식을 위한 점검사항

A. 청소년기에 기억에 남는 경험은 어떤 것이 있나?

B. 청소년기의 꿈은 무엇이었으며
그러한 희망을 갖도록 영향을 준 사람은 누구였나?

C. 멘토 자신의 정서, 행동상의 특성은 어떠한가?

D. 대인관계와 의사소통 방식은 어떠한가?

★★ 멘토링의 시작

첫사랑, 첫눈, 첫직장, 첫만남 등 처음은 누구에게나 특별한 의미를 지닌다.

멘토링의 시작을 알리는 첫만남도 긴장과 기대가 섞인 약간 흥분된 상태에서 이루어지게 될 것이다. 따라서 멘티와의 첫 만남에서 무엇을 할 것인지에 대한 가벼운 대화 계획을 미리 세워서 이를 참고하는 것이 좋다. 예를 들면 멘토와 멘티 자신의 소개, 멘토링 활동에 대한 간단한 소개, 어떻게 멘토링에 관심을 갖게 되었는지, 멘토링에서 얻고자 하는 것은 무엇인지, 그리고 멘토와 멘티의 공통점으로 좋아하는 것과 싫어하는 것, 미래에 무엇을 하고 싶은지 등 대화할 내용을 준비할 수 있다.

멘토링 활동 기간 동안 호칭은 어떻게 불러야 하며, 만나는 장소는 어디로 할 것인지, 약속시간은 반드시 지켜야 한다는 등 지켜야 할 원칙에 대해서도 생각한 후 최종적인 결정은 멘토와 멘티가 함께 정하는 게 좋다. 멘티와의 초기 관계에서 지켜야 할 기본 원칙을 설정하는 것은 이후 발생할 수 있는 많은 문제를 예방할 수 있다. 그리고 지켜져야 할 원칙이나 내용들은 멘티가 참여하고 동의한 것일 때 효과가 있다는 것을 잊지 말아야 한다.

예를 들면, "2주일에 한번 매주 토요일이 어때?" 보다는 "2주일에 한 번씩 금요일 오후나 토요일이 괜찮고, 일요일도 오후 3시 이후면 괜찮은데 네 생각은 어떠니?" 또는 "그 백화점 앞에서 보자" 보다는 "백화점 앞과 서점 앞, 지하철 입구가 괜찮을 것 같은데 어디가 좋으니?" 라는 식으로 대화하려고 노력해야 한다.

ⓣⓘⓟ 10.
멘토가 멘티에 대해
알고 있어야 할 정보

학교생활

· 가장 좋아하는/ 싫어하는 과목은 무엇이며, 그 이유는 무엇인가?
· 가장 잘하는 과목은 무엇인가?
· 학교선생님들과의 관계는? 마음 터놓고 의지할 선생님이 계신가?
· 학교에서의 가장 친한 친구는 누구이며,
함께 도시락을 먹는 친구는 누구인가?
· 동아리 혹은 과외활동을 한다면 무엇이며 얼마나 참여하는가?

교우관계

· 마음을 터놓고 고민을 이야기할 사람이 있다면, 누구인가?
· 이성친구가 있는가? 어떤 친구이며 어느 정도의 관계인가?
· 영향력 있는 선배나 친구가 있다면 누구인가?
· 자신을 괴롭히는 친구가 있는가?
· 친구관계에서 주로 무엇을 하고 지내며, 어떤 역할을 하는가?

개인적 취향

· 방과후 주로 활동이나 시간을 보내는 일은 무엇인가?
· 아르바이트를 한다면, 어디서, 어떤 일을 하는가?
· 특별히 좋아하는 취미가 있는가?(음악/ 책/ 영화/ 게임/운동 등)
· 휴일이나 공휴일에는 어떻게 시간을 보내는가?

가정생활

· 가족 구성원과 가족 분위기는 어떠한가?
· 부모님의 관계는 어떠하며,
그것이 멘티에게 어떠한 영향을 미치는가?
· 형제관계는 어떠한가?
· 부모님의 직업과 경제사정은 어떠한가?
혹시 멘티가 가족 생활비를 벌어야 하지는 않는가?
· 멘티의 용돈은 어떠한가?
· 멘티와 특별한 관계를 갖고 있는 가족구성원은 누구인가?
· 멘티가 함께 방을 쓰는 사람이 있는가?

이후 만남이 지속되는 멘토링 동안 멘토와 멘티가 수행해야 할 프로그램에 대해서는 멘티의 욕구와 사정에 따라 다양한 계획이 세워져야 한다. 학습에 어려움을 겪는다면 공부를 도와줄 수 있고, 진로 지도에 고민이 많다면 진로 선택에 도움이 될 만한 활동을 위주로 준비해야 한다.

멘토링 전 기간 동안 개별적인 만남에서 기본적으로 수행해야 할 프로그램은 기관의 담당자로부터 제공받을 수 있다. 기관의 담당자는 멘토와 멘티의 상황에 따라 개별 프로그램을 선택하고 심사숙고하여 프로그램을 코디네이팅 할 수 있어야 한다.

대부분의 멘토들은 자신의 학업이나 직장일과 봉사활동을 겸하고 있어 시간에 쫓기는 경우가 많아서 프로그램에 대해 깊이 생각하기 어렵고, 어떤 프로그램이 유익할 것인지에 대해서도 사전 지식이 부족할 수 있기 때문이다.

★★★ 멘토링의 지속

멘티와의 첫 만남 이후에는 정기적이고 안정적으로 만남을 지속하면서 신뢰를 쌓아가야 한다. 성실한 만남을 통해 가능하면 멘티의 모든 것을 받아주고 멘티가 처한 환경과 상태를 이해하도록 한다.

이때 관계의 속도를 조절하는 것은 멘토가 아니고 멘티임을 기억하자.

관계가 형성되는 과정에서는 지나친 질문공세를 삼가고 철저히 비밀을 보장해 주며 멘티를 중심에 두고 매사를 바라봐야 한다. 경우에 따라 멘티가 금전적인 요구를 하거나 거짓말을 부탁하면 단호하게 거절하고 이유를 설명해야 한다. 멘티의 요구를 거절하는 것이 쉽지는 않지만 그것이 더 깊은 관계의 진전을 위한 길이다.

신뢰를 쌓아 좋은 관계가 형성된 이후에는 점차 멘티의 당면한 요구나 문제를 탐색하고, 구체적인 접근과 개입 계획을 세워야 하는 시기가 된다. 이때 멘토는 무비판적인 경청자로서 수용적인 친구로서, 적극적인 지지자로서, 신뢰할 수 있는 상담자로서, 바른 교육자로서 멘티를 대해야 한다.

이 단계에서는 멘티의 욕구에 대해 적극적으로 논의하고 문제해결 방법을 함께 찾고 극복하기 위해 노력하는 동반자 관계에 있다고 생각해야 한다. 이때 멘토의 역할은 수용적이고 열성적이어야 하며 일관되고 안정적으로 강인한 원칙적 태도를 유지하는 것이 필요하다. 그렇다고 해서 멘토가 모범생의 모습만 보여야 하는 것은 아니다.

항상 강인하고 이성적인 사람이 있겠는가. 멘토를 늘 힘들게 하거나 매우 열악한 환경에 있는 멘티가 지속적으로 저항하거나 약속시간을 지키지 않아 짜증이 날 때, 멘토는 너무나 힘들고 지쳤다는 표현을 직접적으로 하는 것도 좋은 방법이다.

이 시기에 멘토들은 멘티와의 관계나 활동에서 여러 가지 어려움에 부딪히는 경우가 종종 발생한다. 이 때는 수시로 수퍼바이저나 선배 멘토로부터 지지와 격려를 받으며 힘든 상황을 슬기롭게 극복해 나가야 한다.

★★★★ 멘토링의 종결

계약된 멘토링 기간이 끝나고 멘티가 자신의 문제나 주변 상황을 통제하고 조절할 수 있게 되면 멘토링 관계는 종결단계에 들어가게 된다.

그러나 헤어질 것을 알고 만난 사이이기 때문에 만남의 과정 중에도 자연스럽게 헤어짐을 준비해야 한다. 종결할 시간이 가까워오면 멘토는 서서히 만남의 횟수를 유지하거나 줄여나가고 깊이 있는 개입을 피해가면서 멘티가 자신의 삶을 주도적으로 이끌어 나갈 수 있도록 도와야 한다.

평생 지속되는 만남이 아니라는 것은 이미 알고 있었지만 끝이 다가올수록 멘티의 마음은 이별에 대한 불안과 두려움에 쌓일 수 있다.

특히 좋은 관계를 맺어온 사이일수록 이별이 더욱 어려울 수 있다. 이럴 때 멘토는 모른 척 회피하기보다는 '헤어질 시간이 다가와서 아쉽지만 네가 성숙하는 모습을 지켜봐 좋았다' 는 식으로 마음의 준비를 시키는 게 필요하다.

그리고 공식적인 만남은 끝이지만 관계는 지속될 수 있음을 알려야 한다. 멘티가 도움이 필요할 때 언제든 연락할 수 있고, 이메일과 같은 현실적으로 형태로 관계를 지속할 수 있다는 사실도 전달해야 한다.

서운한 마음에 지키지 못할 약속을 한다면 그것은 멘티에게 더 큰 상처를 주는 것임을 반드시 기억해 두자.

만날 때 헤어짐을 생각하는 것처럼, 헤어질 때는 다시 만날 날을 기약하는 게 인생이다. 멘티가 건강한 사회인으로 자라나면 얼마든지 둘의 관계는 지속될 수 있다.

마음을 여는 의사소통기술*

20년 이상 된 장수 프로그램 〈가족오락관〉이라는 방송물에서는 재미있는 게임을 볼 수 있다. 종이에 적힌 낱말을 맨 앞사람에게만 보여주고 헤드폰을 끼고 입 모양만으로 뒷사람에게 전달해서 낱말을 맞히는 게임이다. 비슷하게 몸동작만으로 단어를 맞히는 게임이나 귓속말로 긴 문장을 맞히는 놀이도 있다. 방송을 보노라면 의사소통가 실은 얼마나 어려운지를 실감하게 된다.

타인과의 관계에서 의사소통은 매우 중요한 일이다. 관계를 중요시하는 멘토링에서도 효과적인 의사소통은 성공적인 멘토링의 핵심사항이다.

멘토와 멘티가 효과적으로 의사소통을 한다는 것은 상호 간의 메시지를 정확하게 주고받을 수 있다는 것이며, 이는 서로의 행동에 반영되어 결국 만족스러운 관계를 가져올 수 있다는 것을 의미한다.

* 이소래. 이희길(2002), 『청소년비행 예방을 위한 멘토활동지침서』 참조

멘토가 익혀야 할 의사소통 기술은 주로 적극적인 경청 기술과 피드백을 주고받는 기술이다. 적극적인 경청이란 멘티가 말하는 동안에 멘티가 말하고 있는 것과 그 이면에 말하지 않은 것, 말 속의 의미, 즉 비언어적 메시지까지 알아듣고 반응하는 것을 말한다.

또한 피드백은 멘티가 말한 바가 그대로 이해되고 있다는 확신을 주고, 멘티가 공감 받고 있다는 안도감을 갖도록 하여 보다 깊은 대화로 이끌어 간다. 물론 온화한 어투로 격려하며 칭찬하는 대화법 역시 멘토링에서 필수적인 기술이다.

★ 몸과 마음으로 듣는 기술

의사소통의 기본은 듣기다. 건성으로 고개만 끄덕이는 게 아니라 그 사람이 말하고자 하는 진심을 이해하면서 듣는 것이다. 그것은 언어로 전달되는 경우도 있지만 비언어적인 방법으로 전해지기도 한다.

멘티가 말하고자 하는 것이 무엇인지 멘티의 표정이나 목소리, 의상 등 모든 것에 주의를 기울여 의사소통해야 한다. 멘티가 일상생활을 이야기하는데 태도가 불안해 보인다거나 잘 지낸다고 말하지만 표정은 그렇지 않아 보일 때, 평소와는 다른 옷차림으로 나와서 일상적인 얘기를 하는 경우 등 말로 표현하는 언어와 그 밖의 모든 것을 포함해 멘티가 하고자 하는 말이 무엇인지 들을 수 있도록 해야 한다.

적극적인 경청을 위해 멘티와의 대화를 효율적으로 진행할 수 있는 방법은 다음과 같다.

· 멘티가 하는 말을 조용히 듣는다.
멘티가 말을 하지 않으면 침묵하면서 기다린다.
· 해결책을 제시하지 말고 듣는다.
· 말하는 멘티의 음성과 몸짓에 집중한다.
· 자신이 잘 이해받고 있음을 확신시킨다.
(들은 사실을 재확인하고 때로 맞장단으로 호응을 보이는 것도 좋다.)
· 개인적, 심리적, 문화적, 신체적인 차이를 받아들여서 의견을 수용한다.
· 멘토 자신이 해왔던 자연스러운 방식으로 반응한다.
· 더 필요한 정보가 있다면 대화를 북돋운다.(그렇게 화가 났었어? 등)
· 목소리의 높낮이, 표정, 태도, 손놀림 등에서 다른 실마리들을 찾는다.
· 감정적인 조절이 되어야 한다. 감정조절은 의식적으로 연습해야 한다.
(너무 놀라거나 너무 냉정하지 않는다. 담담한 표정과 태도를 익히자.)
· 메시지의 핵심에 집중한다.
(멘티에게 꼭 듣고자 하는 내용이나 전달하려는 것)
· 극단적인 진술을 자제한다.
("엄마가 가출했다고? 나쁜 엄마구나" 식의 흑백논리는 피해야 한다.)
· 사실만을 듣는 것이 아니라 멘티의 생각과 감정을 듣는다.
(사회환경적 상황을 고려)
· 부드러운 눈 접촉을 유지한다. 이는 대인관계 훈련을 위해서도 매우 중요하다.

★★ 적절하게 질문하는 기술

질문에도 기술이 필요하다. 멘티에 대한 정확한 이해, 정보 습득, 또는 관계유지를 위해 질문은 필수적이지만 같은 질문일지라도 언제 어떤 방식으로 하느냐에 따라 매우 효과적인 의사소통 수단이 되기도 하고, 반대로 비효과적일 뿐만 아니라 오히려 의사소통이나 관계에 부정적인 영향을 주기도 한다.

묻지 말아야 할 것을 꼬치꼬치 캐묻거나 따지듯 심문하듯 묻는다면 상대는 말하고 싶지 않기도 한다는 사실을 명심해야 한다. 적절하지 않은 시점의 비효율적인 질문은 멘티와의 관계에 장애가 될 수 있다는 사실을 기억해야 한다.

· 너무 많은 질문을 한꺼번에 하지 않는다.

· 멘티가 도저히 대답할 수 없는 질문은 피한다.

· 폐쇄형의 질문 대신 개방형의 질문을 던진다.
(자전거 타고 싶니? 대신 뭐 하면서 놀고 싶니? 하는 식이다.)

· 지나치게 노골적인 질문으로 위협감 주지 않아야 한다.
(예 : 왜 또 나와의 약속을 어겼니?)

· 간접적인 질문에서 시작하여 관계의 진전 여부에 따라
직접적인 질문으로 나아간다.

· 이중 메시지를 통해 멘티를 혼란스럽게 하지 말아야 한다.
(예 : 퉁명스러운 표정으로 너도 잘했다고 생각하지?)

· 모호하지 않게 구체적이고 뚜렷한 질문을 던진다.

· 왜 그랬니?식의 취조식 질문은 삼간다.

· 똑같은 질문일지라도 언제 던지느냐는 타이밍이 중요함을 잊지 말자.
· 답변을 원하지 않는 의례적인 질문은 하지 않아야 한다.

★★★ 짧게 이야기하는 기술

대부분의 청소년은 길고 장황한 이야기를 못 견뎌 한다. 특히 비행청소년의 경우 주의를 기울이는 시간의 길이가 제한적인 경우가 많으므로 단순한 어휘와 간단한 문장으로 이야기하는 것이 의미전달에는 효과적이다.

또한 비유와 은유 등이 섞인 긴 문장보다는 직접적이고 구체적인 짧은 문장으로 이야기하는 것이 좋다.

★★★★ 상대의 마음을 함께 느끼는 기술

누군가 내가 느낀 고통이나 어려움을 이해해 줄 때 우리는 마음의 위안을 얻는다. 그것이 말뿐인 위로일지라도 나를 동조해주는 사람을 만났다는 사실 자체가 큰 힘이 될 때가 있다. 멘토는 멘티가 말하는 사건들을 직접 경험하지는 않았지만 멘티가 되어 상상하며 당시의 감정을 거의 같은 내용과 수준으로 이해하도록 노력해야 한다.

마음을 함께 느낀다는 것은 멘티가 직접 말하는 내용은 물론 멘티의 감정, 태도, 신념처럼 표현하진 않는 것까지도 정확하게 의미를 파악하는 것을 뜻한다. 이러한 느낌을 멘티에게 전달해

주는 것이 필요하다. 멘티의 마음을 함께 느꼈어도 그것을 적절히 표현해 주지 못한다면 멘티는 이를 알지 못할 것이다.

· 멘티의 말을 있는 그대로 들어준다.
· 멘티의 말이나 행동에 대한 평가나 가치 판단을 하지 않는다.
· 말의 내용 자체만이 아니라 주변 상황과 여건을 감안하여 듣는다.
· 나의 입장에서가 아니라 말하고 있는 멘티의 당시 입장에서 이해한다.
· 그 상황에서 그렇게 할 수밖에 없었던 멘티의 심정과 어려움 등을 이해하려 노력한다.

★★★★★ 멘티를 존중하는 기술

멘티를 인격적으로 존중하고 신뢰하고 있다는 것을 전달하는 기술은 매우 중요한 멘토의 태도이다. 멘티의 독특한 개성과 패턴을 이해하고, 멘티에 대한 다양한 정보를 습득하는 과정을 통해 멘티를 하나의 소중한 인격체로서 받아들여야 한다.

그러나 존중받고 수용되어야 할 것은 멘티 자체이지, 멘티의 모든 말과 행동은 아니라는 점을 이해시키는 것이 중요하다. 멘티를 하나의 인격체로 받아들이지만 잘못된 행동에 대해서는 반대한다는 것을 알려줘야 한다.

멘티에게 인격적 거부와 반대의견은 다르다는 점을 깨닫게 해주는 것 자체가 멘티를 성숙하게 하는 계기가 된다.

· 멘티의 말과 행동을 평가나 판단 없이 듣는다.

· 멘티가 말한 내용에 대해 지나치게 조사하려거나 해석하려 들지 않는다.

· 멘티가 그 상황에서 그렇게 행동할 수밖에 없었던 심정을 이해한다.

· 그러나 멘티의 말이나 행동이 멘티 그 자체가 아님을 인식한다.

· 멘티를 믿고 존중하지만 그의 말이나 행동에 무조건 동의하는 것은 아님을 인식시킨다.

· 멘티의 노력을 지지하고 지원하지만 반대의견을 내야 하는 것을 두려워하지 않는다.

· 반대의견을 표현할 때는 부드러운 음성이나 기타 비언어적 메시지, 충분한 대화를 통해 멘티를 인격적으로 거부하는 것은 아니라는 점을 멘티에게 이해시킨다.

★★★★★★ 상대에게 자신을 보여주는 기술

멘티에게 새로운 시각을 갖게 하는 효과적인 방법 중 하나로 멘토가 솔직하게 자신을 개방하는 방법이 있다.

멘토도 멘티와 같은 청소년기를 보낸 한 사람으로서 멘토의 경험이나 개인사, 혹은 현재의 생각이나 느낌을 있는 그대로 알리고 멘티와 공유하는 것이다. 이는 멘티에게 모델링 효과를 가져 올 수 있다. 자기와는 달라 보이는 대학생 멘토가 청소년기에는 자신과 비슷한 고민을 했고, 집안 형편도 어려운데 열심히 공부한다는 사실을 알게 되면 멘티는 친밀감과 자신감을 동시에 얻게 될 것이다.

- 솔직하고 투명하게 자신을 개방한다.
- 멘티가 공유할 수 있는 적정선에서 자신을 보여준다.
- 멘토의 자기 개방이 자신의 심리적 드러내기를 위함이 아니라는 사실을 기억한다.
- 멘토에게 도움이 된다고 생각될 때 도움이 될 자신의 이야기를 들려준다.
- 지나친 자기 개방은 멘티에게 오히려 부담이 될 수 있다.
- 멘티의 자기개방 속도를 감안하여 멘토의 자기개방 속도를 조절한다.
- 멘토의 자기개방에는 개방의 이유나 목표가 있어야 한다는 사실을 명심한다.
- 자기 개방 방법을 너무 자주 사용하지 말아야 한다.

★★★★★★★ 구체적인 대화의 기술

의사소통에 있어 대부분의 멘티들은 구체적이지 못하거나 세심하지 못할 가능성이 있다. 따라서 멘토는 멘티 자신이 말하는 내용에 대해 무엇을 어떻게 이야기하고 있는 것인지, 혹은 자신의 생각이나 느낌은 어떤 것인지 구체적으로 탐색할 수 있도록 이끌어야 한다.

- 좀 더 자세히 이야기 해줄 것을 요구한다.

· 이야기의 흐름을 이해하면서 이야기할 것을 일러준다.
· 한 가지 주제에 대한 이야기는 끝을 맺도록 한다.
· 시간이나 주변 상황 설명 등을 첨가하여 이야기하도록 이른다.
· 모호하게 이야기하지 않고 말하려는 내용을 놓치지 않도록 이끌어 준다.

★★★★★★★★ 상대방의 말을 이끌어내는 기술

대부분의 멘티들은 자신의 느낌이나 생각, 의견 등을 언어적으로 드러내 표현할 기회가 부족해 자기표현에 미숙하거나 어색해 한다. 따라서 멘티들이 자기를 표현하는데 익숙해지고 좀 더 활발하게 자기표현을 할 수 있도록 도울 필요가 있다.

멘티의 말을 자르지 말고 끝까지 듣고, 정확하게 표현하지 못하는 부분에 대해서는 되물으며 의미를 파악하려고 애쓰며, 좀 더 좋은 표현방식에 대해 서로 이야기해 볼 수도 있다.

· 상대가 자신의 느낌이나 생각을 이야기할 수 있는 충분한 시간을 준다.
· 자기표현이 어색하고 어려움을 이해하고 기다린다.
· 재촉하거나 종용하지 않는다.
· 멘티 나름의 자기표현 방식을 촉진시키고 지지해 준다.
· 멘티의 자기표현에 대해서는 강한 반응을 보여준다.

★★★★★★★★★★ 칭찬하는 기술

'칭찬은 고래도 춤추게 한다' 고 하지 않는가. 멘티들에게 좋은 피드백을 주는 것은 이들의 자긍심을 높이고, 자기존중감을 가질 수 있게 돕는다. 특히 자신의 행동에 대해 칭찬을 받아본 경험이 많지 않은 비행 청소년의 멘토링에서는 바람직한 일에 대해서는 적극적인 칭찬으로 피드백한다.

· 칭찬을 할 만한 말이나 행동, 태도가 발생한 즉석에서 칭찬한다.
· 진심으로 한다. 진심으로 칭찬할 수 없다면 아무 말도 하지 않는다.
· 구체적으로 하라, 일반적인 일이 아닌 특정 행동 등에 집중하여 칭찬한다.
· 멘토 자신이 느끼는 바로 그것을 말한다.
· 공개적으로 칭찬하라, 그러나 잘못은 개인적으로는 교정한다.

ⓣⓘⓟ 11.
멘토링에 도움이 되는 표현법

멘토가 자신의 느낌을 나누는 표현의 예

· 난 사람들을 처음 만날 때 무슨 말을 해야 할지 모르겠단다.
· 오늘 어머님이 편찮으셔서 입원하셨어.
 걱정도 많이 되고 마음도 무겁단다.
· 생활비가 떨어져 아르바이트도 해야 하고,
 시험공부는 해야 되고 걱정이란다.
· 학교를 그만 두어야 한다는 이야기를 들으니 내 마음도 아프구나.

멘티에게 좀 더 많은 정보를 얻으려 할 때 쓰는 표현의 예

· 이 문제에 대해 넌 어떻게 생각하니?
· 그렇게 행동한 이유에 대해서 알고 싶은데, 네 마음을 나누어 줄래?
· 너라면 어떻게 하겠니?
· 어떻게 하면 가장 기분이 좋을 것(나쁠 것) 같니?
· 좀 더 이야기 해줄래?

멘티의 느낌을 확인시키는 표현의 예

· 너는 그것에 대해 무척 화가 나는가 보구나.
· 지금 이것에 대해 말하면서 별로 기분이 좋아 보이지 않는 구나.
· 어떻게 하면 넌 가장 기분이 좋을 것 같아?
· 그럴 땐 어떤 느낌이 들어?

멘티의 생각을 북돋우는 표현의 예

· 만약 네가 그렇게 하면 어떤 일이 벌어질까?

· 이런 상황에서 네가 할 수 있는 일은 무엇일까?

· 일어날 수 있는 최악의 상황은 무엇일까?

· 일어날 수 있는 최선의 상황은 무엇일까?

· 그래 좋아, 그것도 한 가지 방법이겠구나, 다른 건 뭐가 있을까?

· 만약 너의 가장 친한 친구(부모/선생님)는 어떻게 했을 것 같아?

· 가장 좋은 결과를 낳는 방법은 뭘까?

멘티의 이야기와 심정이 이해받고 있다고 확신하게 하는 표현의 예

· 네가 한 말의 의미는 그 친구의 보복이 두려워 폭력에 가담했다는 거지?

· 내가 들은 바로 너는 부모님께 용서받지 못할 잘못을 저질렀다고 느끼는 것 같다.

· 학교에 가기 싫은 이유가 공부가 싫어서보다는 교사가 널 무시하기 때문이라는 거지?

십대가 흔히 겪는 위기와 대처기술

★ 가출

십대들의 가출은 사실 드문 일이 아니다. 멘토링 기간 중에 멘티가 가출 계획을 알리거나 가출한 후에 연락해오는 일이 종종 발생한다. 청소년기는 충동적으로 행동하기 쉬운 시기일 뿐만이 아니라 가정 내에서의 지지체계가 부족한 경우가 많아서 가출은 쉽게 저질러버리는 손쉬운 행동일 수 있어서다.

가출하려는 이유와 멘티들의 개인 성향에 따라 다양한 상황이 발생할 수 있는데 일반적으로 멘토들이 예상하고 준비해야 할 지침은 다음과 같다. 그러나 이런 지침이 모든 멘티의 가출상황에 동일하게 적용되지는 않는다.

멘티의 가출에 대한 대처방법은 상황에 따라 다를 수 있으며, 멘토는 반드시 수퍼바이저에게 연락해 적절한 도움을 받아야 한다.

:: 가출계획을 미리 알려온 경우

가출할 것이라는 계획을 미리 알려온 멘티의 의도를 파악해야 한다. 가출하려는 의사는 어느 정도이고 평소 멘티의 행동을 생각해 볼 때 실행에 옮길 가능성이 얼마나 있는지 고려해 본다.

멘티가 가출계획을 알려오면 멘토는 당황하게 된다. 놀라서 무조건 가출을 막으려는 말이나 행동을 하지 않는다. 멘티가 가출하려는 이유를 차근차근 듣고 공감해준 후, 가출을 실행하기 전에 생각해 볼 부분에 대해 함께 이야기한다.

멘토는 가출하려는 이유에 대한 해결책을 함께 고민해 주고, 문제 해결을 시도해 볼 것을 다짐 받는다. 그러나 만일의 경우를 위해 가출 한 후에 안전하게 거처할 수 있는 곳(쉼터, 주유소 등)이 있음을 말해주고 멘토에게 연락할 것을 당부한다.

가출을 실행하려는 십대에게 생각해보도록 권할 것들

· 내가 지금까지 가출하지 않은 것은 무엇 때문이었나?
 무엇이 나를 집에 머물게 하는가?
· 가출 후 어떻게 생활할 것인가?
· 가출이 안전한가?
· 나를 도와줄 수 있는 사람은 누구인가?
· 나는 지금 현실적으로 생각하고 있는가?
· 가출 이외 다른 대안은 없는가?

· 나는 충분히 생각했는가?

· 가출 후 문제가 생긴다면 누구에게 연락할 것인가?

· 내가 만일 집에 다시 돌아온다면 어떤 일이 벌어질까?

:: 가출 후에 연락이 온 경우

거처하고 있는 곳이 안전한지 확인하고 만남을 시도한다. 집으로 돌아가는 것을 완강히 거부할 때는 일단 비밀보장을 약속하고 거처만이라도 확인한다.

멘티 스스로 부모님께 연락하도록 권유하여 안전하게 있다는 것을 말씀드리게 한다. 만약 멘티가 직접 연락하기를 꺼리는 경우, 멘토나 수퍼바이저가 부모에게 연락을 취할 수 있는 가능성에 대해 멘티와 이야기하고 건강은 괜찮은지 성폭행 등의 신체적, 정신적 상해가 있는지 확인하고 필요하면 의료조치를 받도록 안내한다.

가출한 경위와 가출 이후의 생활을 이야기하고 집에 돌아갈 수 있는 상황여부를 이야기하여 스스로 귀가를 결심할 수 있도록 돕는다.

집에 들어가지 않겠다며 완강히 버티거나, 부모님과의 갈등이 심해 지금 돌아가도 다시 가출할 가능성이 높다고 판단되면 안전한 거처(친척집, 쉼터, 아르바이트 일터 등)로 안내한다.

★★ 약물사용

청소년들은 호기심이나 순간적인 쾌락과 같은 단순한 동기로 시작했더라도 결과적으로 심각한 해악을 끼칠 수 있다. 그러므로 멘티의 약물 사용 여부를 조기에 발견하고 대처하는 것은 매우 중요하다.

ⓣⓘⓟ 12.
약물사용을 의심할 수 있는 단서

· 외모에 전혀 신경을 쓰지 않고 위생에 무관심하다.

· 눈동자에 초점이 없고 이야기에 집중하지 못한다.

· 혈색이 창백해지고 전에 흥미를 갖던 활동에도 별 흥미를 보이지 않는다.

· 전과 달리 우울하고 지쳐 보이며 말수가 적어진다.

· 전과 달리 적대적인 태도를 취하거나 사소한 일에 날카로운 반응을 보인다.

· 별 이유 없이 멘토와의 만남과 학교생활에 불성실해진다.

· 갑자기 돈을 꾸어달라고 하며 이유를 정확히 말하지 못한다.

· 멘티의 소지품 중에서 약병, 파이프, 부탄, 라이터, 본드 등이 보인다.

:: 멘티의 약물사용에 대한 대처

먼저 신속하게 수퍼바이저에게 알리고 도움을 청한다. 멘토에게 지나치게 과도한 반응을 보이거나 대수롭지 않은 일로 무마시키려 하지 말고 침착하고 명확한 반응을 보여주는 것이 오히려 효과적이다. 차분하게 마음을 터놓는 대화를 시도해야 한다. 예를 들면 "오늘 네 모습을 보니까 전과 무언가 다르게 보이는구나, 사람이 너무 힘들면 여러 가지 약물에 의존하게 되기도 하는데 혹시 어떤 약물을 사용한 적이 있니?" 하고 직접 묻거나 "요즘에 약물을 하는 친구들이 있다고 들었는데 네 주위에는 그런 친구들이 없니?" 하고 간접적으로 대화를 시작한다.

ⓣⓘⓟ 13. 청소년 흡연에 대한 유용한 충고들

왜 말려야 하나?

· 세포, 조직, 장기 등이 미성숙한 청소년기의 흡연은 손상 정도가 성인보다 크다.

· 청소년기 흡연 시작은 니코틴(약학적으로 마약으로 분류) 중독에 더 깊게 빠진다.

· 청소년의 정서적, 사회적 측면에 모두 심각한 영향을 끼친다.

청소년이 담배를 피우게 되면?

· 입안은 물론 몸에서 냄새가 나며 지저분한 사람이 된다.

· 머리가 나빠진다.

· 숨이 차기 쉽고 특히 폐암 발병률이 크게 높아진다.

· 타고난 수명보다 10년 일찍 죽게 된다.

· 오랜 기간 피우게 되므로 금연하기가 어렵다.

흡연으로 생기는 증상은?

· 피로, 불면증, 잦은 감기, 입냄새, 성욕저하, 숨이 참, 주름살, 코막힘 등

흡연으로 생기는 질병은?

· 호흡기 질환 : 폐기종, 기관지천식, 만성기관지염, 만성기도장애, 폐렴, 폐결핵, 독감

· 심혈관계 질환 : 고혈압, 돌연사, 동맥경화, 부정맥, 심근경색증, 심장마비, 협심증

· 암 : 구강암, 위암, 폐암, 인후암, 입술암, 췌장암, 후두암

· 성인병 : 골다공증, 뇌경색, 뇌졸중, 당뇨병, 마른 버짐, 피부노화, 불임증, 주름살, 성기능 저하

흡연과 임신 관계

· 미숙아 출산

· 자녀의 고환크기 작음

· 성 기능 저하

· 구순파열이 높음

· 임신중 흡연은 뚱보아기 위험

· 정상아라도 주의력 산만

그 다음, 약물을 사용하고 있다면 사용한 기간과 사용하게 된 이유 등을 정확히 확인한다. "넌 나쁜 애" 라는 느낌을 주는 자극적인 표현을 사용하지 않도록 하며 "왜 그랬을까" 보다는 "이유가 뭔지 이야기해줄 수 있니?" 라고 묻고 차분히 들어야 한다. 이러한 태도는 멘토가 믿음직스럽고 자신을 도와줄 수 있는 사람이라는 느낌을 줄 것이기 때문이다.

그리고 약물의 해악에 대해 적극적으로 교육한다. "약물이 네 몸에 어떤 영향을 끼치는지 누군가 네게 이야기해 준 적 있니?" , " 약물을 사용한 다음에 네 몸에 어떤 변화가 있었는지 주의해서 보았니?" 등을 물으며 약물이 끼치는 해악에 대해서 적극적으로 교육해야 한다.

무엇보다 구체적 조치를 취해야 한다. 수퍼바이저의 지도에 따라 약물 전문 상담자에게 의뢰한다.

★★★ 자살

자살을 예측하는 것은 쉽지 않지만 일단 일어나면 돌이킬 수 없는 결과를 가져오기 때문에 세심한 주의가 필요하다.

대부분의 자살자들은 자살 전 의도를 다른 사람에게 알린다고 한다. 특히 다른 지지체계가 부족한 멘티들에겐 멘토가 그 대상이 될 가능성이 크다.

물론 단서들이 있다고 해서 반드시 자살을 하는 것은 아니고 이러한 단서가 없었다고 안심할 수 있는 것도 아니다. 하지만 여

ⓣⓘⓟ 14. 자살을 의심할 수 있는 단서

멘티의 직접적인 언어표현

- "더 이상 살고 싶지 않다"
- "모든 것을 끝내버리고 싶다"
- "더 이상 견딜 수 없다"
- "난 모든 사람에게 짐이 될 뿐이다"
- "상황이 더 이상 좋아질 것 같지 않다"
- "내 인생은 쓰레기다"

멘티의 간접적 언어표현

- "그동안 나를 도와주려고 애써주셔서 고마워요"
- "또 다시 만날 것 같지는 않군요"
- "그동안 최선을 다하지 못 한게 아쉽고 미안해요, 너그럽게 용서해주세요"

그 외 단서들

- 자살에 필요한 준비를 해둔다(약, 칼, 끈 등)
- 유서작성을 한다.
- 혼란스럽고 초조하던 멘티가 갑자기 평온한 모습으로 돌변
- 우울하고 부정적이던 멘티가 갑자기 밝고 적극적으로 돌변
- 현재 멘티는 힘겨운 스트레스 상황을 겪고 있다.
- 자신이 소중히 여기던 물건을 나눠 준다.

러 단서들이 보이거나 혹은 멘티의 자살의도가 느껴질 때 멘토는 신속한 응급대처를 해야 한다.

우선 수퍼바이저나 프로그램 담당자 혹은 주변의 전문가에게 자문을 요청하거나 의뢰해야 한다. 그리고 멘티의 상황과 마음을 최대한 이야기하도록 하고 자살이라는 방법이 최선은 아님을 설득하여 자살하지 않겠다는 약속을 받는다. 만약 사태가 매우 위급하다고 판단될 경우 자살할 수 있는 장소에서 격리되도록 조치를 한다.

★★★★ 성폭력 피해

성폭력은 청소년의 성장가능성을 파괴하고 평생 아물기 어려운 상처를 남기게 된다. 그러므로 성폭력을 당한 이후에 보이는 반응들에 대한 정보를 갖고 있고, 그러한 반응이 감지될 경우 신속하고도 적절하게 대처하는 것이 중요하다.

성폭력은 멘토가 홀로 대처하기에는 벅찬 일일 수 있다. 그러므로 멘티의 성폭력 피해가 의심되거나 확인되었을 때 멘토는 우선 이를 수퍼바이저에게 알리고 지도를 받아야 한다. 대처방안을 세우고 실행하는 모든 과정이 수퍼바이저의 지도, 감독 하에 이루어져야 할 것이다.

ⓣⓘⓟ 15. 성폭력을 당한 후에 청소년들이 흔히 보이는 반응

· 성폭력의 피해가 너무 큰 경우 극단적인 결과가 생길 수 있다. 이것은 자살, 정신과적 장애, 보복 등이다.

· 갑자기 성에 관련된 이상한 반응을 보인다.

· 갑자기 성에 대한 관심이 높아지고 성적으로 문란해지거나 성에 대한 지나친 두려움과 혐오감을 보인다.

· 일상생활에 적응하는데 어려움을 보인다.
성적이 떨어지고 친구나 가족과 어울리지 않는다.
밖에 나가기를 싫어하고 좋아하던 일에 흥미를 잃는다.

· 평소와 다른 행동을 보인다. 몸을 씻는 횟수가 지나치게 늘어나고 목욕을 함께 하려고 하지 않는다. 갑자기 잠을 못 자거나 지나치게 많이 잔다. 신체적 접촉에 과민한 반응을 보인다. 밥맛을 잃는다.

· 평소와 다른 여러 가지 정서적 반응을 보인다. 짜증이나 화를 많이 내고 넋이 나간 듯 멍하니 있다. 늘 불안해하고 혼자 있기를 두려워한다.

· 악몽에 시달리거나 식은땀을 흘린다.

ⓣⓘⓟ 16. 성폭력에 대해 멘토가 할 수 있는 대처

응급상황에 대한 대처

① 위험한 일을 저지를 가능성에 대해 평가한다. "지금 심정이 어떠니?", "오늘 밤 어떻게 지낼 생각이니?", "앞으로 어떻게 하고 싶니?" 등의 질문으로 자살, 가출 등의 일을 저지를 위험이 있는지 살펴본다. 위험한 일을 할 가능성이 있다고 판단되면 피해 청소년의 마음을 가라앉히고 충동적 행동을 단념시키도록 노력한다.

② 멘토가 신체적, 정신적으로 심한 타격 상태에 있을 때는 위로하고 안정시킨 후 병원, 상담소 등 전문 기관에서 응급조치를 받게 한다. 신체적 피해는 육안으로 확인하기 어려운 경우가 많으므로 반드시 병원에 가서 전문적 진단을 받도록 한다.

심리적 피해에 대한 대처

① 성폭력 피해의 경우에는 모든 책임이 전적으로 가해자에게 있기 때문에 피해자에게는 어떠한 책임도 전혀 없다는 사실을 분명히 이해시켜야 한다.

② 멘티의 아픔을 이해하여 따뜻이 위로하고 감정의 기복이나 극단적 감정폭발이 있더라도 감싸주며 수용한다. 납득하기 어려운 감정이나 생각이라도 귀 기울이고 공감하며 이해해 준다.

교육적, 사회적 피해에 대한 대처

① 성폭력 피해 청소년은 학교에 정상적으로 가기 어려운 경우가 많으므로 학교를 상당 기간 쉬더라도 안정을 되찾을 수 있는 조치를 취해야 한다.

② 성폭력에 관한 통계자료나 서적 등을 이용하여 피해자 자신의 상황을 객관화하고 상처를 극복할 수 있는 길을 함께 찾도록 한다.
③ 경찰에 신고를 하는 것은 힘든 일이지만 가해자가 다시는 그런 행동을 하지 못하도록 하고, 피해자에게는 자신의 잘못이 아님을 확인시켜 부담감을 덜어주는 효과가 있다.

★★★★★ 문제상황에 대한 일반적인 지침

:: 문제에 직면하라

문제를 무시한다고 해서 그 문제가 없어지는 것은 아니다. 만일 정말로 문제라면 그 문제가 더 커지기 전에 가능한 빨리 다루는 것이 최선이다. 그냥 문제를 덮어 버리려하는 것은 멘토와 멘티 모두의 불안만을 높이는 것이며, 멘티로 하여금 문제에 대한 경각심을 사라지게 한다.

:: 문제의 초점을 유지하라

멘티가 그 행동의 결과를 인식하고 있는지를 알고자 하는 것이 목적인가, 아니면 멘토 자신의 견해를 알리는 것이 목적인가, 멘티의 행동변화를 원하는가, 멘토 자신이 민감한 문제를 다루려는 목적을 분명히 하는 것은 문제해결 과정에서 초점을 유지하는 데 도움이 될 것이다.

:: 문제에 빠르게 개입하라

어려운 문제를 다루는 데 있어 가장 좋은 시간이란 존재하지 않는다. 지금이 바로 가장 좋은 순간이다. 적절한 시기를 기다리는 동안 문제는 더 커질 수 있다.

:: 행동과 사람을 분리하라

멘티의 행동에 대해서는 객관적으로 말하고, 멘티에 대해서는 긍정적으로 말하라, 예를 들어 "나는 네가 건강하고 에너지가 많아서 좋다고 생각해, 그러나 네가 폭력적인 비행을 했을 때, 난 참 불편해진단다" 등이다.

:: 유머를 과하게 사용하지 마라

심각한 말을 하면서 반은 농담을 섞어 표현할 경우에 듣는 사람으로 하여금 의미전달이 제대로 될 수 없다. 다루기 어려운 상황을 다룰 때는 놀리거나 농담을 하기보다는 진지하고 지지적인 분위기 속에서 이야기를 하는 것이 좋다. 유머는 보다 가벼운 주제에서 사용하는 것이 좋다.

:: 민감한 문제를 다룰 때는 사적인 장소를 이용하라

민감한 문제에 대해서 사무실과 같은 곳에서 이야기 할 경우, 멘티는 형식적이면서도 긴장하게 된다. 사적인 장소나 밖에서 산책을 하면서 이야기할 수 있을 때 멘티는 보다 안정되어 마음을 터놓고 이야기할 수 있을 것이다. 그러나 외진 곳, 어두운 장소 등은 피하는 게 좋으며, 저녁 늦은 시간은 피하는 것이 좋다. 또한 멘티 집으로 가려면 반드시 멘티 보호자에게 사전 허락을 받도록 하고, 혼자 사는 멘티 집을 방문할 땐 양해를 얻어 다른 동료 멘토나 담당자와 동행하는 것도 좋다.

노련한 멘토링을 위한 기술

★ 거짓말, 약속 안 지키기, 무언가 자꾸 사달라는 상황

오늘 아침 나의 멘티 선영이 어머니로부터 메시지를 받았다. 어제 선영이와 시간을 보내줘서 고맙다는 말과 함께 다음부터는 활동을 조금 일찍 끝내주었으면 좋겠다는 내용이었다. 나는 어제 선영이를 만난 일이 없고, 더더욱 늦게 보낸 일은 이전에도 없었다. 그런데 다른 멘토를 통해서 선영이가 친구와 함께 동대문시장에서 밤늦게까지 쇼핑을 했다는 사실을 알게 되었다. 이 일을 어떻게 처리해야 할까?

나의 멘티 도영이는 번번히 약속을 어기고 있다. 약속을 할 때는 꼭 지킬 것처럼 해놓고 그 날이 되면 약속을 미루거나 약속시간이 훨씬 지난 다음에야 연락을 해서 늦을 것 같다며 미안하다고 한다. 한 번은 약속 시간 몇 분전에 지금 출발하고 있다고 전화까지 해놓고 지하철

역에서 40분이나 기다렸지만 끝내 나타나지 않았다. 차라리 못 온다고 전화라도 했으면 그 자리에서 계속 기다리고 있지는 않았을 텐데…. 이런 일을 두 번이나 경험하고 나니 나도 힘이 빠지고 화가 난다. 누구는 시간이 남아서 나오나? 자기를 위해서 하는 일인데…. 도영이는 할머니와 단 둘이 살기 때문에 집안에 통제할 사람이 없다.

어느 정도 어색함이 사라지고 친밀한 관계가 형성되어 가고 있을 즈음, 나의 멘티 영미는 나를 보면 무엇을 사달라는 말을 많이 하곤 한다. 지난 만남에서는 이름난 패밀리 레스토랑에서 식사를 사달라고 해서 식사를 사주고, 영화를 함께 보고 찻집에서 차를 마시고 헤어졌다. 이전에는 돈 2만원을 꾸어달라고 했다. 나 또한 대학에 다니면서 아르바이트로 용돈을 벌고 있는 입장이어서 돈을 쓴다는 것이 부담인 동시에 그렇게 하는 것이 멘티에게도 도움이 안 된다는 생각이 든다. 어떻게 해야 할까?

멘토링 과정에서는 멘티의 거짓말이나 약속을 지키지 않는 잘못된 행동, 지나친 요구 등 멘토를 곤란하게 하는 상황이 가끔 발생한다. 이럴 때 당황한 멘토들은 적절한 지적을 하고 싶어도 혹시나 멘티가 자신을 피하거나 그동안 쌓인 신뢰를 잃지 않을까 고민하며 적절한 대응을 하지 못하는 경우도 있다.

그러나 멘토링은 청소년을 바르게 성장하도록 돕는 프로그램이다. 따라서 적절한 지적과 때로는 꾸중도 필요하다. 만약 멘티가 거짓말을 하거나 약속시간을 지키지 않거나 멘토에게 경제적 부담을 주는 상황이 발생한다면 어떻게 하면 좋을까.

이런 상황이 발생하면 멘토는 자신이 편한 방식으로 자신의 스타일대로 대응해도 괜찮다. 따로 멘토다운 행동 절차가 정해져 있는 것은 아니다.

다만 자신의 스타일이 어떤지 미리 생각해 보고 그 결과와 효과를 예측해 보는 것은 필요하다. 예를 들어 나는 거짓말하는 것을 제일 싫어하며 거짓말에 대해서는 늘 지나칠 정도로 단호한 태도를 취해 왔다면 지적은 하되 완급은 조절할 필요가 있다.

먼저 나 자신을 돌아본 후에는 멘토링이라는 특별한 상황을 고려하여 현명하게 대응해야 한다. 바로 멘티의 생활사를 염두에 두고 있는가 하는 문제다.

청소년 멘티는 성장하면서 여러 상처를 받았을 확률이 높고, 생활습관과 관련된 훈련도 부족할 수 있다. 따라서 어려운 상황을 일으키는 것이 의도적일 수도 있지만 자신의 습관으로 굳어진 버릇 때문일 수도 있다.

다른 방법을 모르는 멘티는 단순히 그동안 하던 대로, 알고 있는 방법으로 행동했을 수도 있다. 예를 들어 다른 사람과 약속을 해 본 경험도 별로 없고, 약속을 했다 하더라도 잘 지키는 모습을 본 적이 없는 성장배경을 가지고 있다면 야단을 치기보다는 약속의 소중함을 알려주는 것이 더 적절한 대응이 될 것이다.

멘토가 멘티의 거짓말을 지적하지 않고 그냥 넘어갔을 경우에도 멘티가 성공적으로 속인 것이 아니라는 사실을, 멘티 마음대로 멘토를 다룰 수 없다는 인식을 명확히 알려야 한다. 이 말은 멘토는 멘티에게 정당한 권위를 지닐 수 있어야 한다는 의미이다. 멘티의 거짓말을 그냥 넘어간다면 멘티가 멘토는 진실을 모른다고 생각할 수도 있다. 이 때 역시 멘토가 그러한 상황을 알고 있지만 멘티에 대한 믿음을 가지고 참고 넘겼다는 인식을 확실하게 주어야 한다. 잘못된 상황을 지적하고 멘티에게 적절한 대응을 하려 할 때에는 멘티의 구체적인 행동에 대해서만 객관적으로 문제를 삼는다. 또 멘티에 대한 사랑과 믿음은 변하지 않았음을 알려야 한다(죄는 미워하되 사람은 미워하지 않는 것과 같다). 확실하고 진지하게 지적하되 멘티를 지지하는 음성과 언어를 사용하여 멘티를 존중하는 마음이 변하지 않았음을 보여주어야 한다.

★★ 수줍음, 무관심에는 기다림이 최고다

나의 멘티 정민이는 보호관찰대상자이다. 비행청소년이라고 해서 활달하고 노는 아이라고 생각했는데 예상과는 달리 묻는 말에만 대답하고 나와 눈도 잘 맞추려 하지 않는다.

정민이는 피자가게에서 아르바이트를 하고 있다. 침묵을 깨면서 내가 한 말, '영어공부를 가르쳐줄까?' 했더니 수줍어하는 듯한 표정만 짓고 대답을 하지 않는다.

첫 만남인데 이 어색함을 어떻게 깨고 앞으로의 만남을 계획할 수 있을지 걱정이다.

만난 지 두 달이 넘어가는데 나의 멘티 지숙이는 개별 만남 프로그램으로 무엇을 할 것인가, 어떻게 시간을 보낼 것인가에 대한 의견이 전혀 없다.

멘토인 내가 항상 활동을 제안하게 되는데 그 때마다 지숙이는 그저 "저는 좋아요" 라고 말할 뿐이다. 또 내가 하나 이상의 제안 사항을 들고 와서 선택하게 하면 "아무거나 상관 없어요" 라고 말한다. 또한 그 중 무엇을 제일 하고 싶으냐고 물으면 "다 좋아요" 라고 대답한다. 도무지 협력하는 태도를 보이지 않으니 답답하고 재미도 없다.

그리고 지숙이는 늘 바쁘다. 빨리빨리 만남을 마치고 돌아가야 한다고 말 할 뿐, 멘토링 프로그램에는 도무지 관심이 없는 것 같다. 내가 멘토로서 능력이 없는 것 같고 자신이 없어진다. 초라하게까지 느껴진다.

인간관계를 좌우하는 중요한 요인은 서로에 대한 반응이다. 나의 생각이나 행동에 대해 상대방이 좋은 반응을 보였다면, 나 역시 상대방에게 적극적으로 호응할 때 둘의 관계는 발전적으로 나아가게 된다.

멘토링의 멘토와 멘티는 이런 좋은 관계를 맺어야 하는 사이다. 그러나 멘티가 너무 소극적이고 자신감이 없다는 장애물은 살아있는 관계 맺기에 커다란 걸림돌이 되곤 한다. 좋은 관계를 이끌어야 하는 멘토에게 소극적인 멘티는 매우 부담스럽게 다가온다.

하지만 성급하게 멘티를 고치려 들지 말고 멘티를 충분히 기다려줄 줄 알아야 한다. 멘토링은 멘토와 멘티가 함께 하는 것이며 초기 관계의 진전 속도는 많은 부분, 멘티에 의해 결정된다. 그러나 멘티와 재빨리 친밀한 관계를 맺는 것만이 멘토링의 성공 여부를 좌우하는 것은 아니다. 특히 첫 만남의 경우 어색함은 자연스러운 것임을 기억해야 한다.

멘티에게는 자기 의견을 말하고 드러내는 일이 어려울 수도 있다. 수줍음을 타거나 매사에 소극적인 멘티들은 가정이나 학교와 같은 집단이나 관계에서 결정권을 행사해 본 경험이 없어 자신을 드러내는 훈련이나 경험이 적을 수 있다. 따라서 멘티의 과묵함이 거부를 의미한다고 단정하기보다 언어 이외의 표현방식에서 단서를 찾을 수 있다.

반드시 무엇을 해야 한다는 것보다 멘티와 질적으로 어떤 시간을 보내느냐는 자체가 멘토링의 중요한 활동이다. 어떤 활동을 할지를 결정하는 과정이 서로에게 스트레스가 되지 않도록 하자. 멘티와의 관계에서 이를 결정하기가 어렵다면 멘토가 소속된 기관의 공식적인 프로그램을 지원받도록 한다.

★ 인생의 목표 정하기

이제 막 기어 다니기 시작한 아기는 바로 앞에 놓인 장난감을 잡기 위해 열심히 몸을 움직인다. 이 일은 목표를 위해 난생 처음 자신의 몸을 움직여야 하는 힘겨운 투쟁이다.

아기가 자라 유아기가 되면 좋아하는 인형을 갖기 위해 어른들 앞에서 노래도 부르고, 아빠 구두도 닦을 줄 알게 된다. 초등학생이 되면 성취하고자 하는 바와 목표가 달라진다.

게임 할 시간을 벌기 위해 시험공부를 열심히 하기도 하고, 자전거를 얻기 위해 집안일을 거들기도 한다. 자발적인 것은 아니지만 목표가 있고 동기가 있다면 그것을 이루기 위해 참고 노력하는 법을 배우게 되는 것이다.

우리는 성장하면서 수많은 목표와 동기를 가지고 성취와 좌절을 경험하게 되는데 이것은 인생을 설계하는 데 든든한 토대가 되어준다. 나이가 들면 목표도 달라지고, 그것을 얻기 위해 해야 할 일도 달라지지만 인내하고 노력하면 자신의 목표에 가까이 갈 수 있다는 진리는 어릴 때부터의 경험을 통해 자연스럽게 체득하게 된다. 이렇게 인생의 목표를 설정하고 그것을 차근차근 준비해 나가는 과정은 우리의 인생 그 자체일 것이다.

멘토는 멘티 청소년이 잘 성장하고 행복한 미래를 성실하게 준비하도록 도와야 한다. 멘토링 기간 중에 멘티와 어느 정도 신뢰관계가 형성되었다고 판단되면 멘토는 멘티의 진로와 인생 목표를 설정하는 것을 도와주어야 한다. 거창하지 않더라도 나에게 의미가 있는 인생의 목표를 설정하고 이를 지켜나가려고 노력한다면 멘티의 삶은 보다 바람직한 방향으로 변화할 수 있을 것이다.

멘토는 멘티가 인생에서 달성하고 싶은 것이 무엇인지 알게 함으로서 멘티가 집중적으로 실행해야 하는 것, 향상해야 할 부분이 무엇인가를 깨달을 수 있도록 도와야 한다.

멘토가 해야 할 가장 중요한 임무 중 하나는 멘티가 단기목표(1년 이내)와 장기목표(5년 이상)를 설정하도록 돕는 것이다. 꿈을 이루기 위해서는 상황과 여건에 맞는 중장기 목표가 있어야 하고, 이것을 이루기 위한 단기적인 노력이 병행되어야 한다.

예를 들면 멘티가 좋은 대학에 들어가기를 원한다면(장기목표) 먼저 단기목표(고교 졸업 혹은 좋은 성적 등)를 잘 성취해야 한다는 것이다. 이때 단기목표보다는 장기목표를 먼저 정하는 것이 좋다고 전문가들은 조언한다. 장기목표가 명확하고 이것을 이루고 싶어 하면 할수록 현실의 어려움을 극복하려는 노력을 기울일 수 있기 때문이다. 그리고 장기목표를 이루기 위한 단기목표는 비교적 명확하게 설정되어야 한다.

만약 멘티가 장기목표와 단기목표 사이의 연관성을 잘 이해하지 못한다면 장기목표를 향해 노력할 필요성을 느끼지 못할 수 있기 때문이다.

목표설정이 멘티의 행동 변화와 자극에 도움이 된다고 해서 목표설정을 강요할 수는 없는 일이다. 멘티가 목표설정을 필요로 하고 받아들일 수 있는가는 다음의 사항들을 매우 신중하게 고려해야 한다.(Carter, 1993)

· 시간이 지날수록 더욱 돈독한 신뢰관계를 형성하라. 신뢰감을 형성하는 것은 목표설정의 전제조건이다.
· 멘티가 직접 목표설정에 참가해야 한다. 멘토의 지도와 함께 멘티는 각각의 목표를 구체화하고 진실한 자기의 목표가 되도록 해야 한다.
· 쉽게 달성할 수 있는 단기목표는 좋은 출발점이 된다. 예를 들어 다음 주까지 수학숙제를 마치는 것 등이 단기목표의 예가 될 수 있다.
· 목표는 구체적이고 측정할 수 있어야 하며, 멘티가 목표 달성을 위해 노력하도록 하기 위해 문서화되고 약속된 계약이 멘티와 멘토 사이에 이루어져야 한다.

그러나 이처럼 멘토와 멘티 사이에 신뢰관계가 형성되고, 멘티의 준비도 충분하다고 생각되는데도 멘티가 목표를 정하지 못하는 경우가 있는데, 그럴 경우에는 아래와 같은 요인을 점검해 봐야 한다.

· 목표가 너무 어려워서 달성할 수 없을 수도 있다.
· 목표가 멘티의 적극적인 참여 없이 멘토 주도로 정해진 것일 수 있다.
· 멘티가 자기를 향상시키려는 현재의 목표를 두려워 할 수 있다. 주위 환경이나 가정 형편 등이 어려운 청소년들 중에는 낮은 자아 존중감을 가지며, 자신을 패배자라고 믿고 있는 경우가 많다. 그들은 예전에 했던 잘못된 선택에 익숙해져 있고, 이것은 자신에 대해 부정적인 생각을 갖게 하곤 한다.
· 훌륭한 목표를 세우고 이것을 성취하기 위해 노력하는 일은 누구에게나 두렵고 어려운 일일 수 있다. 멘토는 이런 두려움에 관하여 멘티와 허심탄회하게 이야기 하고 잘 다독여 줄 필요가 있다.

★★ 목표 정하기에 고려할 것들

멘토가 되도록 멘티 인생의 모든 면을 고려한 목표를 정하도록 도와주는 일은 막연한 희망을 현실화하는 것이 아니다.

멘티가 처한 상황, 취미, 성격, 교육수준, 가족이나 사회적 지지망을 고려해서 현실적인 결정을 내리도록 도와야 한다. 꿈은 이루어진다는 신념도 중요하지만 자신의 상황이나 조건을 정

ⓣⓘⓟ 17. 십대의 목표 결정에 도움되는 점검사항

예술적인 면

멘티가 달성하려는 목표가 예술적인 것인가? 그러면 어떤 훈련이 필요한가?

태도

멘티 스스로 움츠리는 심적 경향은 무엇인가? 어떤 태도가 멘티를 엉망으로 만드는가? 이 문제를 해결하고 치료할 수 있는 목표를 설정하라.

교육

멘티가 배우려는 특별한 지식이 있는가? 목표달성을 위해 필요한 정보와 기술은 무엇인가?

즐거움

멘티가 즐겨하는 일은 무엇인가? 멘티의 개인적인 즐거움과 만족은 목표달성을 위해 때때로 유보되어야 한다는 것을 인식한다.

사회적인 면

멘티가 사회적 야망을 가지고 있는가?

경력

멘티는 어떤 경력을 추구하는가?

가족

멘티는 그의 가족들에게 무엇을 보여주고자 하는가?

재정적인 면

멘티는 얼마나 많은 수입과 어느 정도의 경력수준을 원하는가?

확하게 알고 꿈을 정하는 일도 중요하기 때문이다.

다양한 요소를 염두에 두고 멘티 스스로가 어떤 목표를 정한다면 이를 성취하기 위한 우선순위를 함께 정한다. 이 때 멘토는, 선택된 목표가 부모, 교사, 동료나 멘토가 아니라 바로 멘티 자신이 직접 결정한 목표라는 사실을 멘티가 인식하게 해야 한다.

★★★ 목표 달성을 위한 실천이론, SMART 모델

S(Specific 명확한)

예를 들어, '고등학교 졸업' 이라는 일반적인 목표를 위해 멘티가 어떻게 이를 달성할 수 있는지 구체화한다.

M(Measurable 예측가능한)

목표 성취 방법을 측정하는 것이다. 단 시간이나 스케줄이 아니라 목표 달성을 위한 멘티의 성공적인 활동을 측정하는 방식을 정해둔다.

A(Action oriented 행동지향적인)

바람직한 목표에 도달할 수 있도록 하는 사전의 구체적인 행동계획을 말한다.

R(Realistic 현실적으로)

현실적 상황을 고려해 이용자원과 제약요인을 반영하여 달성 가능한 목표를 추구한다.

T(Timely 적절한 시기에)

목표 달성에 필요한 합리적인 시간을 잡는다. 단 멘티가 집중과 동기부여를 갖지 못할 정도로 너무 짧은 시간이나 너무 많은 시간을 주어서는 안 된다.

ⓣⓘⓟ 18. 목표설정을 위한 멘토링 활용자료

① 아래 예시에서 당신이 성취하기 원하는 5개를 체크해 봅시다.

[가치 예시]

_____ 대학에 가는 것은 좋은 결정이다.

_____ 고등학교를 그만두고, 바로 직업을 구하는 것이 더 중요하다.

_____ 고등학교를 마치는 것이 나에게는 중요하다.

_____ 차량을 소유하는 것이 중요하다.

_____ 내가 하는 일을 좋아하는 것이 중요하다.

_____ 깨끗하고 안전한 지역에서 사는 것이 나에게는 중요하다.

_____ 돈을 소비하는 것이 중요하다.

_____ 친구를 갖는 것이 중요하다.

_____ 가족과 함께 시간을 보내는 것이 중요하다.

_____ 위에 열거된 것보다 더 중요한 것도 있다.

② 여러분이 성취하기 원하는 것을 적고 성취목표를 결정하세요.

(예)

성취목표	성취하기 원하는 것
1. 고등학교를 졸업한다	1. 대학에 가는 것

③ **목표 계획 : ②에서 선택된 가치와 성취목표를 따로 적어봅시다.**

> 예) 목표 계획 1.
> 성취하기 원하는 것 : 대학에 가는 것
> 성취목표 : 고등학교를 졸업한다

> 목표 계획 2.
> 가치 :
> 성취목표 :

④ **가치 있는 목표 성취를 이루기 위한 단계별 실행계획을 구체적으로 세우고 동시에 목표 마감일을 정해 성취 완료한 단계에는 ∨표시 합시다.**

(예) 목표 1에 대한 단계별 실천계획

단계	목표 1에 대한 단계별 실천계획	마감일	∨
1			
2			

* Step by Step : 장기목표를 성취하기 위해 먼저 단기목표를 달성해야 한다. 그러므로 장기목표를 정하고 장기목표에 이르기 위한 여러 단기목표를 각 단계별로 구분하여 실행계획을 세운다.

⑤ **적절한 목표를 선정하기 위해 여러분이 일생동안 하기 원하는 모든 목표에 대한 목록을 작성한다.**

이것에는 단기목표와 장기목표 또는 올해 목표와 내년 목표, 그리고 일생의 목표를 포함시킨다.

목표들은 전문적, 개인적, 재정적, 사회적, 교육적, 또는 영적인 내용들로 구성될 수 있다. 여러분에게 가장 중요한 세 가지 목표를 결정하고 현실적으로 목표 달성할 수 있는 적절한 기간에 체크한다.

목표	단기	올해	내년	5년 내	일생동안

⑥ 이제 위에서 세운 목표의 목록을 자세히 살펴보고, 현실적으로 자신의 필요와 가치를 충분히 반영하였는지, 여러분의 인생에 가장 중요한 것을 선택하였는지를 검토한다. 계획에 대한 검토가 끝났으면 이름과 계획을 세운 날짜를 기록하고, 각 기간에 따라 목표가 성취되었을 때 체크한다.

이름 ______________________

일자 ______________________

*** 멘티의 미래 계획에 대한 질문 예시**

지금부터 5년 동안 멘티가 성취하기 원하는 것은 무엇인가?

고등학교 졸업장________________

파트타임 직업 ___________ 무엇을 할 것인가?_________

풀타임 직업 ____________ 무엇을 할 것인가?____________

자신의 집을 가질 것인가? _____ 어디에 장만할 것인가?________

중고차를 소유할 것인가? ______ 새차를 구입할 것인가 ______

대학에 갈 것인가? ______________ 어느 대학?_________

일주일의 휴가 ______________

좀 더 긴 여행 ________________________________

지금부터 15년 동안 멘티가 성취하기 원하는 것은 무엇인가?

학사학위_________ 언제부터_________ 전공________________

석사학위_________ 언제부터_________ 전공________________

풀타임 직업___________ 직업종류 ________________________

집을 소유하는 것 _______ 위치____________________________

봉급수준

1~2천만원____ 2~4천만원____ 4~6천만원____ 6천만원 이상_____

결혼은______ 자녀는 몇 명이나 둘 것인가 ________

매년 2주일의 휴가_______ 한달간 여행(장소)_____

차량 소유 ________

합리적인 의사결정을 돕는 기술

인생이란 늘 무언가를 결정하는 일의 연속인 것처럼 우리는 자주 선택의 갈림길에 놓인다. 그런데 아주 쉬운 결정임에도 어렵게 생각하는 사람이 있는가 하면 또 매우 어려운 결정도 쉽게 하는 사람을 볼 수 있다. 이러한 차이는 타고난 성격이 만들기도 하지만 합리적인 의사결정 방법을 얼마나 습득했으며 얼마나 시행착오를 경험했느냐에 따라서 빚어지는 차이이기도 하다.

사회적 지지망이 약하고 어려운 가정형편에 놓여 있는 청소년 멘티에게도 의사결정은 쉬운 일이 아니다. 예를 들면 시험 전에 친구와 밤늦게까지 놀아야 할지 말지에 대한 의사결정도 쉽지 않은 식이다. 집에 일찍 들어와 공부를 해 본 적이 별로 없는, 그래야 한다고 말하는 가족도 없는 멘티로선 충분히 혼란을 느낄 수 있다.

어떤 상황이라도 멘티가 주도적인 의사결정자가 될 수 있도록 돕는 일은 멘토링의 중요한 역할이기도 하다. 물론 멘티 스스로 결정한 일에는 반드시 책임이 따른다는 인식도 갖게끔 해야 한다. 의사결정 능력은 단순히 마음먹기에 달렸다 할 수 없는 일이다. 그것은 끊임없는 훈련과 준비가 뒷받침되어야 가질 수 있는 능력이기 때문이다. 여기에는 결정 후에 발생될 수 있는 위험을 예측하는 능력, 자신이 감당할 수 있는 책임인지 따질 수 있는 능력도 포함된다.

우선 아래와 같은 의사결정 과정에 친숙해지는 훈련을 멘토링에서 실천해 본다. 이와 같은 방식을 반복적으로 훈련한다면 멘티는 앞으로 일어날 수 있는 복잡한 상황에서의 의사결정도 올바르게 대처할 수 있을 것이다.

ⓣⓘⓟ 19. 멘티를 위한 의사결정 8단계 (Robbins, 1991)

- **1단계** 문제를 객관적으로 진술하라(일어나는 것을 정의하라)
- **2단계** 그 문제에 관한 정보를 수집하라
  (문제를 풀려고 노력하지 말라)
- **3단계** 그 문제에 대한 찬성 또는 반대 의견이 무엇인지 확인하라
- **4단계** 대안을 개발하라(오직 한 가지 선택을 강요하지 말라)
- **5단계** 대안을 분석하라(찬성과 반대를 찾아보자)
- **6단계** 최선의 대안 하나를 선택하라
  (멘티는 현실을 고려하고 목표를 인식하면서
  그에게 최고로 좋은 것을 결정한다)
- **7단계** 대안을 실행하라(테스트하라)
- **8단계** 의사결정의 마지막 결과를 평가하라
  (필요하다면 변화를 주어라)

★ 누구나 의사결정의 방법은 다르다

누구나 제각기 의사결정의 방법이 다른 것처럼 멘토와는 전혀 다른 방식으로 의사결정을 추구하는 멘티가 있는 것은 너무나 당연하다. 보통 3가지로 의사결정의 유형을 정리할 수 있다. 미리 알아둔다면 멘토링에도 유용하게 쓸 수 있다.

· **비활동적인 의사결정** 비활동적인 의사결정자는 적절한 선택을 적절한 시기에 하지 못하는 사람이다. 선택을 할 때 시간도 오래 걸리고, 일단 한 선택도 적절치 못할 경우가 많다. 이러한 유형을 가진 멘티는 보통 우유부단하기 때문에 상당 기간 동안 의사결정을 지연시킨다. 이러한 유형의 멘티는 자기 확신을 갖는 데 어려움이 있으며, 자신의 운명을 통제할 수 없다고 느끼게 된다.

· **반응적인 의사결정** 반응적인 의사결정자는 동료, 친척, 부모 등이 그들을 위해 의사결정을 하도록 허락하는 사람이다. 이러한 유형의 멘티는 다른 사람이 생각하는 것, 또는 다른 사람이 하는 것이나 또는 제시해주는 것에 쉽게 영향을 받는다. 이러한 멘티들은 동료의 압력에 쉬이 설득당하고 부정적인 자기존중감을 갖게 될 우려가 있으며, 다른 사람이 좋아하는 욕구를 맹목적으로 따르게 될 수 있다. 따라서 멘토는 이러한 멘티의 의사결정을 도울 때, 멘티의 참여를 적극 격려해서 멘티가 자신의 욕구와 원하는 것을 결정할 수 있도록 해야 한다.

· **미리 대책을 강구하는 의사결정** 미리 대책을 강구하는 의사결정자

는 의사결정의 8가지 단계에 따르고 그 결과에 대해 책임을 지는 사람이다. 이런 경우에 멘티는 환경이나 조건에 이끌리거나 다른 사람들의 영향을 받기보다는 자신의 판단에 따라 의사결정을 하고 이에 대해 기꺼이 책임진다. 이러한 유형의 멘티는 자신의 운명을 스스로 결정하기 때문에 역량이 강화되고 그 과정에서 좋은 영감을 경험하곤 한다.

★★ 합리적인 의사결정을 위한 멘토링 활용자료

:: 의사결정의 8단계 학습

올바른 의사결정에는 올바른 판단이 필요하고, 이를 위해서는 합리적인 사고력을 길러야 한다. 자신의 가치관이 정립되지 않고, 자아존중감도 낮으며, 상황판단에 대한 경험도 부족한 멘티라면 자신이 처한 상황을 파악하는 반복적인 훈련과 자신의 판단을 믿고 선택할 수 있는 가치관 형성이 무엇보다 중요하다.

의사결정을 돕는 구체적인 그룹 활동 가운데 앞서 소개한 8단계 방법을 사용해 참가자를 작은 그룹으로 나누고 각 그룹에게 어떤 문제를 제시한다(예를 들면, 멘티는 가출하기를 원한다). 각 그룹의 참가자들은 8단계에 따라 어떻게 멘티의 문제해결을 도울 수 있는지 토론한다.

의사결정 8단계를 활용하여 각각 반응을 적는다.

사례 1. 멘티가 임신을 했는데 무엇을 해야 할지 알지 못한다.

사례 2. 멘티는 학교를 그만 두기를 원한다.

사례 3. 멘티는 그의 친구들이 술을 마시고 마약을 사용하기 때문에 똑같이 그렇게 하기를 원한다.

사례 4. 멘티는 범죄를 행하는 인기 있는 갱 집단에 가입하기를 원한다.

사례 5. 멘티는 남자(여자)친구와 동거를 하고 있다.

:: 사례분석과 토론

멘토는 멘티 그룹이나 또는 개인 멘티에게 예시 '창호의 사례'를 읽어주고 의사결정 8단계를 활용하여 어떻게 그 문제를 해결할 것인지를 토론한다.

* 예시 _ 창호는 열심히 일하는 청소년이며 학업성적이 뛰어난 학생이다. 그는 14살부터 이웃 식료품 상점에서 점원으로 일을 하여 번 돈을 거의 모두 저축하였다. 이제 창호는 16살인데 저축한 돈으로 자신의 차를 사고 싶어 한다. 그러나 창호는 문제를 가지고 있다. 그는 1년만 있으면 고등학교를 졸업하고 대학에 진학해야 하는데 그의 부모님은 창호가 저축한 돈을 대학 진학에 사용하기를 원하고 있다.

:: 문제해결을 위한 작업계획표 작성법

멘티는 어떤 문제가 생겼을 때 가장 손쉬운 해결책을 찾으려

한다. 그렇지만 만약 멘티가 선택할 수 있는 해결책의 범위가 좁아진다면 멘티는 생각을 통해 다른 해결책을 찾아야 한다. 이 훈련은 멘티가 생각하는 것보다 더 많은 해결책이 존재함을 알려줄 수 있는 방법이다.

예를 들어 가정불화에 가정폭력까지 겹쳐 가출하려는 멘티가 있다고 가정해 보자. 그가 선택할 수 있는 해결책 중에 가장 손쉬운 것은 가출이다. 그러나 이 방법은 쓸 수가 없다. 가출이란 선택을 제한하면 멘티는 다른 해결책을 강구해야 한다. 멘티는 어떤 방법을 찾아낼 수 있을지 실습해 보자.

가) 발생된 문제에 대한 정의 : 먼저 문제를 상세히 정의한다

나) 해결책 제시

비록 그것이 비현실적이더라도 멘티가 생각할 수 있는 모든 해결책을 제시하도록 한다. 때로는 엉뚱한 아이디어가 가장 혁신적인 해결책을 유도할 수도 있다는 사실을 기억하자.

다) 해결책에 대한 검토

이제 휴식을 취한다. 해결책으로 제시한 것에 대해 하루 이틀은 고민하지 않도록 한다. 그 후 멘티가 이 목록을 다시 보고 가장 좋은 3가지의 해결책을 고르게 한다. 그리고 멘티가 선택한 해결책과 그 이유를 적게 한다.

라) 재검토

해결목록을 다시 한번 검토한다. 할 수 있으면 또 한 번 휴식을 취한다. 그리고 멘티의 가장 좋은 해결책을 선택하고 더 상세하게 그것에 대해 기술해 본다.

:: 강요된 선택에서의 의사결정 학습법

이 과정은 멘티 자신의 가치와 동료들 압력을 인식하는 데 도움이 된다.

가) 공간을 4개로 나누고 각각을 ①강하게 긍정 / ②긍정 / ③부정 / ④강하게 부정으로 지정하여 적어 둔다.
나) 멘티들이 방의 중간에 서 있게 한다.
다) 첫 번째 진술을 읽어준다 "일반적으로 여자는 남자보다 민감하다"
라) 그런 다음 멘티들이 첫 번째 진술에 대해 4가지 공간 중 하나를 선택해 이동하게 한다.
이 때 아무 말을 하지 않고 선택을 하는 것이 중요하다.
마) 다음 진술을 활용하여 첫 번째 진술과 같이 반복하여 선택한다.

· 일반적으로 여자는 남자보다 민감하다.
· 만일 교장선생님이 창문을 누가 깼는지 물어 올 때 나는 누구인지 알고 있다면 교장선생님에게 말할 것이다.
· 내가 좋아하지 않는 사람을 괴롭히는 것은 괜찮다고 생각한다.
· 학교는 단순히 재미 이상의 학습 공간이다.
· 학교에서 학생들은 서로 상대방을 충분히 존중하지 않는다.
· 소년들이 소녀보다 스포츠를 더 잘한다.
· 어른들은 청소년을 충분히 존중해 주지 않는다.
· 과학자들이 동물에 대한 실험을 하도록 허락해서는 안 된다.
· 사람들은 그들이 입는 옷차림에 의해 판단될 수 있다.

· 받는 것보다 주는 것이 훨씬 낫다.

· 성공하기 위해 대학교육을 받는 것이 필요하다.

· 교사들은 일반적으로 바르다.

끝나면 다음의 질문들을 같이 이야기해보자.

가) 선택 사항 4가지 가운데 멘티가 답할 수 없는 것이 무엇인가?
(예를 들어 모르겠다 또는 관심이 없다 등)

나) 멘티가 결정을 강요당했을 때 어떤 느낌이 들었는가?

다) 멘티는 항상 멘티의 친구와 함께 똑같은 선택하였는가 아니면 멘티 자신의 생각에 따라 선택 하였는가?

라) 멘티는 특별한 선택을 하도록 친구로부터의 압력을 느꼈는가?

마) 어떤 종류의 압력을 느꼈는가?

바) 동료들과 다른 결정을 한 사람이 있는가?
그 멘티와 다른 멘티에 대해 어떻게 생각하는가?

:: 의사결정을 위한 선택에 관한 평가법

다음 선택 1과 2 가운데 한 가지를 선택하게 한다.
선택을 위해서는 각각의 장점과 단점을 적는다.
그 후 각각의 이익과 불이익이 덜 중요한 것부터 적어 넣는다.

결정해야 하는 상황							
선택 1				선택 2			
이익		불이익		이익		불이익	
목 록	중요도	목 록	중요도	목 록	중요도	목 록	중요도
합계A		합계B		합계C		합계D	

이제, 이익으로부터 불이익을 감해보자. 그 결과가 가장 높은 숫자를 가진 선택이 최선의 의사결정이 될 것이다.

선택 1		선택 2	
합계A		합계C	
– 합계B		–합계D	
점수		점수	

이 점수들에 대해 어떻게 생각하는가? 점수에 대한 멘티의 반응은 이러한 의사결정에 대한 내적인 바램이 무엇인지를 이해하도록 도와준다.

결정들은 때때로 너무 복잡하여 더하거나 빼는 것이 어려울 수도 있다. 그러나 이러한 실습을 통해 멘티는 찬성과 반대를 보다 분명하게 인식하는 기회를 가질 수 있다.

멘티는 더 많은 선택들을 포함한 의사결정을 가지고 이러한 실습을 할 수도 있다. 이때도 모든 선택에 대한 이익과 불이익을 목록으로 작성해 그 마지막 숫자를 비교하여 결정하면 된다.

개별학습지도,
튜터링의 기술

최근 대학가에도 불고 있는 튜터링은 일명 '동갑내기 과외하기' 로 한 두 학년 선배가 후배를 가르치는 개별 학습지도를 말한다. 보통 3~4명에서 20명 정도까지 학과목의 특성에 맞는 조를 편성해 성적이 좋은 선배들의 학습지도로 성적 향상에 커다란 효과를 얻는다고 한다.

튜터링은 멘토가 멘티의 성장과 사회 적응을 돕는 멘토링에서도 효과적인 방법이다. 공부해 본 경험이 적고 좋은 성적을 가져보지 못한 멘티들에게 공부하는 습관과 요령을 비롯해 구체적인 과외 수업까지 가능한 교사는 어찌 보면 매우 절실한 일이기도 하다.

공부를 하고 싶어도 그 방법을 모르거나 조언을 받을 사람이 없어서 학습을 포기한 멘토에게 튜터링은 매우 실질적인 도움이 된다. 학습은 인생을 사는 데 필요한 기초적인 지식과 정보를 제공한다는 점, 고등학교 졸업이나 대학교 입학과 같은 상급 학교로의 진학을 좌우하는 실질적인 요건으로서 멘토링에서도 매우 중요하다. 튜터링을 실천하기 위해서는 염두에 두어야 할 몇 가지 사항이 있다.

첫째, 튜터링을 시작하는 시점은 멘티들이 정하도록 한다. 튜터링에 대한 설명과 중요성을 알려주고 참여를 유도하는 것은 필요하지만 강요하지는 말아야 한다.

둘째, 멘티가 스스로 할 수 있는 것은 절대로 해주지 말아야 한다. 학습은 어차피 스스로 노력해서 결과를 얻을 수밖에 없는 활동이다. 성공적인 튜터링이 이루어지기 위해서는 멘티 스스로가 참여하고 노력하는 것이 가장 중요한 일임을 이해시켜야 한다.

셋째, 항상 인내심을 가져라. 멘티는 취약한 위치에 있으며 자신의 약점을 인정하는 일에는 용기를 필요로 하기 때문이다. 따라서 아무리 어려운 환경이더라도 침착한 태도로 멘티의 욕구를 충족시킬 수 있도록 애써야 한다.

★ 성공적인 튜터링을 위한 조언

:: 해야 할 것

· 점진적 발전에 목표를 두고 튜터링을 시작한다. 짧은 시간 내에 F에서 A로 향상될 수 있는 학생은 거의 없다.

· 관계를 형성하는 데는 시간이 걸린다. 멘토는 멘티에 대해 많은 것을 알아야 한다.

- 한번에 한 과목 또는 한 문제에 집중하라. 너무 많은 활동을 하는 것은 혼란을 야기할 수 있다.
- 멘티의 선생님, 상담가, 부모님들과 접촉하도록 노력하라. 멘티를 잘 알고 있는 사람이다.
- 멘티의 한계와 다양한 재능에 대해 미리 준비해야 한다.
- 모든 사람은 장점을 가졌다는 것을 기억해야 한다. 가능할 때마다 이러한 사실을 적극적으로 알려주어야 한다.
- 모든 사람은 가치가 있다는 것을 느끼게 함으로서 책임 있는 행동을 하도록 한다.
- 여러분의 멘티에게 귀 기울여야 한다. 방법은 관심을 보여 주는 것이다.
- 멘티의 가치 체계는 멘토의 그것과는 다르다는 것을 깨달아야 한다.
- 멘티가 학교를 좋은 곳으로 인식하도록 도와야 한다. 멘토의 고등학교와 대학교에서의 경험은 멘티에게 용기를 주고 멘티를 지지하는 밑받침이 될 수 있다.

:: 하지 말아야 할 것

- 멘티의 일에 관여하게 됨으로서 멘토 당신의 인생을 소홀히 하지 않도록 하라.
- 사랑과 관심을 주었지만 멘티가 즉각 반응하지 않는다고 실망하지 말라. 멘티의 자기존중감은 매우 낮고, 당신의 관심을 무가치하게 느낄 수도 있기 때문이다.
- 침묵을 언짢게 생각하지 마라. 많은 청소년들은 처음 만난 사람과 바로 친하게 대화하는 것을 두려워한다. 즉 관계를 형성하는 데는 시간이 걸

린다는 것이다.

· 멘티의 문제에 대해 지나친 집착을 버려라. 그 문제는 그 학생에게 속하는 것이다.

· 멘티에게 태도 또는 학업성적에서 갑작스런 변화를 기대하지 마라. 그것은 시간이 걸리는 일이다.

· 멘토가 모든 해답을 가져야 한다고 생각하지 마라. 멘토가 알지 못한다는 것을 인정하는 것은 당신의 멘티에게 실패했다는 것을 의미하지는 않는다.

· 멘티가 학교에서 중도 탈락했다 하더라도 멘토가 잘못했다고 생각하지 마라.

· 멘티의 숙제를 도와줄 때 모든 해답을 주지는 말아라.

· 멘티가 어떤 방법으로도 멘토를 조종하는 것을 허락하지 마라. 어떤 멘티는 조작적이 될 수 있고 고의적으로 멘토를 어려운 상황에 빠뜨릴 수도 있다.

★★ 함께 공부하는 즐거움

책읽기를 즐기는 부모 밑에서 자란 아이는 책을 좋아하는 아이가 되고, 약속을 잘 지키는 부모의 모습을 보고 자란 아이는 약속의 소중함을 알게 된다.

멘토가 부모는 아니지만 때때로 멘티의 인생에 커다란 영향을 줄 수 있는 유일한 조언자일 수도 있으며 스승이기도 하다. 따라서 튜터링 과정은 단순히 지식을 전하는 시간이 아니라 공부하는 습관을 기르고 그 즐거움을 깨닫도록 하는 시간이여야 한다. 멘토가 대학생이라면 멘티와 함께 공부함으로서 좋은 공부 습관도 길러 주고 자신도 시간 활용을 잘 할 수 있는 방법이 될 수 있다.

함께 공부하기 위한 준비에는 집, 학교, 도서관처럼 같이 공부할 수 있는 장소와 시간을 정하는 것이 중요하다. 멘토는 "자, 도서관 우리 자리에서 만나자. 한 시간 동안 공부하고 야구나 컴퓨터 게임을 하자" 고 말함으로서 공부할 수 있는 계기는 물론 즐거움을 줄 수 있다. 함께 공부하는 시간을 갖는 것은 공부의 중요성뿐 아니라 함께 간식을 먹으며 수다를 떨거나 하는 부수적인 즐거운 시간을 누리는 일이다.

멘토 없이도 갈 수 있는 공공도서관 등 열린 장소에서 만나는 습관은 멘티에게 멘토링이 종료된 이후에도 혼자 찾는 좋은 습관을 익히는 것으로 조사됐다.

멘티와 함께 하는 공부 시간을 효과적으로 보내기 위해서는 다음 ⓣⓘⓟ **20**의 몇 가지 사항을 염두에 두는 일도 잊지 않도록 한다.

ⓣⓘⓟ **20. 효과적인 튜터링을 위해 필요한 사항**

· 항상 준비한다. 멘토는 튜터링하는 과목과 친숙해져야 한다.

· 정확한 시간에 튜터링을 시작하고 끝내야 한다.

· 모든 과제가 도전적으로 보이게 하라. 그러나 그것이 멘티를 압도하게 해서는 안 된다. "이것은 쉬운 것이야" 와 같은 말은 하지 마라. 그 과제를 완성하지 못하면 멘티는 패배감을 갖게 되기 때문이다.

· 만약 과제가 너무 어려우면 그것을 더 단순한 말이나 단위로 나누어라.

· 말보다는 논리적으로 검증하라. 대부분의 학생들은 구체적인 예를 통해 설명해줄 때 더 잘 이해한다.

· 멘티 스스로 할 수 있는 상황에서는 주도권을 줄 수 있도록 하라.

· 만약 멘티가 대답을 알지 못한다면, 멘티에게 생각할 충분한 시간을 주어라. 침묵은 종종 생각하고 있다는 것을 나타낸다.

참고문헌

권석만 (2006), 『젊은이를 위한 인간관계의 심리학』, 학지사.

김준호.노성호 외 (2003), 『청소년비행론』, 청목출판사.

김지선 (2002), 『비행청소년을 위한 멘터링에 관한 연구』, 한국형사정책연구원.

박윤숙 (2001), 〈청소년 멘터링 자원봉사 교육〉, 서울KYC좋은친구만들기 강의 원고.

박윤숙 (2006), 〈멘터링의 이해 및 실제〉, 『보호관찰청소년과 함께하는 내 생애 가장 아름다운 6개월』, 수원KYC 좋은친구만들기 자료집, pp. 23~51.

박윤숙.이소래 (2002), 〈비행청소년을 위한 멘터링 프로그램의 효과성 검증과 발전 방향〉, KYC좋은친구만들기 운동 Workshop자료집.

박현선 (2000), 〈실직가정 자녀의 적응유연성 증진을 위한 멘토링 프로그램 효과〉, 『한국사회복지학』, 제 41호, pp. 47~172.

서울특별시교육청, 『초.중.고등학교 약물오.남용 예방 교육 자료』.

유성경.이소래 (1999), 『비행예방을 위한 청소년멘터링프로그램』, 한국청소년 상담원.

이소래.이희길 (2002), 『청소년비행 예방을 위한 멘터활동지침서』, 서울특별시, 자녀안심운동 서울협의회.

이순래 (2002), 『학교폭력의 원인 및 대처방안에 관한 연구』, 한국형사정책연구원.

정영윤 (1992), 「심리학 분야에서의 청소년연구 동향과 과제」, 『청소년연구의 동향과 과제』, 한국청소년연구원.

홍봉선·남미애(2004), 『청소년복지론』, 양서원

Frecknall, P. & Luks, A. (1992), "An Evaluation of Parental Assessment of Big Brother/Big Sisters Program in New York City", 『Adolescence』, 27(107).

MENTOR/National Mentoring Partnership (2004), 『Baylor University's Community Mentoring for Adolescent Development』, Trainer's manual
OJJDP(1998), 『JUVELILE MENTORING PROGRAM』, U.S. Department of Justice Office of Justice Programs.

LIB CROKETT AND JAY SMINK(1998), 『THE MENTORING GUIDBOOK』, National Dropout Preventuin Center, Clemson University.

부 록

부 록 1.

멘토링에서 멘토가 갖기 쉬운 환상

1. 멘티가 눈물을 흘리며 속마음을 터놓고 이야기 한 것은 단번에 해결될 것이다.

멘티가 이 정도로 마음을 열어 주고, 여기에 적절하게 잘 대응한다면 멘토와 멘티는 신뢰 관계로 진전될 수 있을 것입니다. 그러나 이것이 멘티의 문제가 즉시 해결된 것을 의미하지는 않습니다. 어려움이 오래 습관화되어 있을수록, 또 다양한 사람과 환경이 연관되어있는 복잡한 문제일수록 해결은 쉽지 않습니다.

여러분의 멘티가 가지고 있는 어려움 역시 그러할 것입니다.

나와 함께 눈물을 흘리고 자신의 변화를 다짐하며 오래 동안 이야기를 나눈 멘티가 그 다음 날 가출을 하거나 비행을 저지를 수도 있습니다. 여러분은 심한 배신감을 느낄 수도 있습니다. 그

수도 있습니다. 여러분은 심한 배신감을 느낄 수도 있습니다. 그러나 이 청소년들은 그동안 소외되고 상처받아왔습니다.

멘티가 갖고 있는 어려운 문제들은 한 번의 감정적 정화로 쉽게 아물어지는 것이 아닙니다. 또한 그 상처를 잊기 위해 청소년이 선택한 방법이 비행이라는 것을 기억해야 합니다.

비행 행동은 한 번의 결심으로 쉽게 그만 둘 수 있는 것은 아닙니다. 멘토링으로 청소년 문제를 해결하기까지는 오랜 시간이 필요합니다.

2. 멘토는 멘티에게 좋은 모습만 보여주는 완벽한 모델이 되어야 한다.

이러한 생각을 갖고 있는 멘토는 스스로를 꾸밀 수밖에 없을 것입니다. 멘티에게 훌륭한 역할 모델이 되어야 한다는 점을 강조하다보니 본인이 훌륭해져야 할 압박감을 느낄 수도 있을 것입니다.

그러나 멘티에게 필요한 역할 모델은 완벽한 사람이 아닙니다. 실수도 하고 아픔도 있고, 단점도 있지만 공동의 선을 생각하면서 자신의 꿈을 가지고 열심히 살아가는 성인의 모습입니다. 그냥 여러분 자신을 보여주십시오.

꾸미려 한다면 멘티와의 관계는 피상적인 선에서 멈추게 될 것입니다.

3. 훌륭한 멘토는 멘티의 인생을 드라마틱하게 바꿀 수 있다.

멘토의 역할에 대해서 위와 같은 생각을 갖고 계셨다면 그것은 옛 소설이나 영화를 많이 보신 탓입니다.

멘토와 멘티는 멘토링 프로그램을 통해서 서로가 서로에게 영향을 미칠 것입니다. 그러나 누군가가 일방적으로 한 사람의 인생을 드라마틱하게 바꿀 수는 없습니다.

멘토 여러분은 우선 믿을 수 있는 성인이 되어주면서, 멘티에게 비행과 같은 부정적인 대응 방식 외에 긍정적인 선택 방법이 있다는 것을 보여주며 그 방향으로 이끌도록 노력해야 합니다.

4. 멘티와 같은 경험을 가지고 있는 멘토만이 진정한 도움을 줄 수 있다.

유사한 경험을 갖고 있다면 멘티를 이해하는 데 도움이 될 것입니다. 그러나 반드시 같은 경험을 가져야만 도움을 줄 수 있는 것은 아닙니다. 서로 간에 차이가 많더라도 멘토가 멘티의 환경이나 마음을 깊이 이해하려는 노력이 있다면 극복할 수 있습니다.

오히려 멘티와 유사한 경험을 갖고 있지만 그 문제를 멘토가 극복하지 못했거나 부정적인 방식으로 대응하고 있는 경우, 오히려 멘티에게 위험할 수도 있습니다.

한 예로 부모의 음주와 폭력문제로 고통을 경험했던 멘토가 유사한 경험을 하고 있는 멘티에게 자신이 대처한 방식대로 즉 '부모를 무시해버리고 스스로 고통에 무뎌지라' 는 식으로 코치할 수 있습니다. 이 경우 동일한 경험을 가진 멘토가 한 말이기에 부정적 방법이지만 설득적일 수 있다는 측면에서 한층 위험할 수 있습니다.

5. 멘티가 나에게 이야기하는 것은 모두 진실일 것이다.

관계를 기초로 이루어지는 멘토링에서 멘티를 무조건 믿을 수 없다는 사실이 멘토에게 놀랍고 당황스러운 것일 수도 있으나 멘티 청소년과 함께 할 때 청소년이 보여주는 것, 말하는 것만 믿지 말고 그 이상의 개인적 욕구, 또래와의 관계에서 일어날 수 있는 일 등을 볼 수 있도록 노력하는 태도가 필요합니다.

청소년들이 변화 과정에서 보이는 의미를 정확히 이해하기 위해서는 청소년의 말과 행동을 그의 환경과 관련지어 깊이 생각해 볼 수 있어야 합니다.

6. 멘토링 프로그램의 성공은 전적으로 멘토에게 달려있다.

반드시 그렇지는 않습니다. 멘토링 프로그램의 핵심이 멘토인 것은 사실입니다.

그러나 멘토링 프로그램은 기관과 기관의 직원들이 함께 운영하는 것입니다. 여러분은 자원봉사자로서 기관에서는 정기적인 지도와 훈련을 제공하게 될 것이며, 어려운 상황에서는 언제든지 도움을 요청하실 수 있습니다.

7. 멘토 훈련을 마치면 멘토로서 완벽히 준비될 수 있다.

그렇지 않습니다. 멘토 훈련은 활동 중에 많은 도움이 되는 것은 사실입니다만, 내 자신이 완벽하게 준비되었다는 느낌을 가지기는 어려울 것입니다. 훈련을 마쳤을 때 오히려 잘 해낼 수 있을까하고 더 불안해질 수도 있습니다.

그러나 멘토링 전 과정에서 멘토는 계속 성장할 것입니다. 기관의 코디네이터나 수퍼바이저가 지속적으로 훈련 프로그램과 수퍼비전을 통해 여러분을 계속 도울 것이기 때문입니다.

8. 멘티는 사랑에 굶주려 있기 때문에 나와 만남을 간절히 기다릴 것이다

현재까지 대부분의 멘티는 멘토링 프로그램에 대한 욕구가 크지 않습니다. 그 이유는 비자발적으로 참여하는 보호관찰대상자 등 주로 공식적으로 의뢰되어 참여하고 있기 때문입니다. 따라서 만남을 기대할 것이라는 생각을 가진 멘토는 실망이 클 수 밖에 없습니다.

그러나 다시 생각해보면 처음부터 누군가가 좋아지고 그 사람이 기다려지지는 않습니다. 기다림은 좋은 관계일 때만 가능한 것이고 그러한 관계까지는 시간이 걸립니다.

여러분의 멘티인 청소년의 경우 상처나 또는 어른에 대한 반감으로 인해 더 많은 시간이 필요할 것입니다.

9. 멘티는 연약하고 도움이 필요한 청소년이므로 무조건 잘해주어야 한다.

멘티의 어려운 환경이나 문제를 알게 된 멘토는 멘티를 깨지기 쉬운 유리처럼 다룰 수도 있습니다. 내가 한 말 하나로 인해 더 큰 상처를 받고 또 다른 문제를 저지를 것 같기도 하고, 반대의견을 말하면 관계가 깨어질까 두렵기도 하고, 멘티가 더 이상 나를 믿지 못할 것 같기도 합니다.

그러나 그렇지 않습니다. 자연스럽게 내 동생을 대하듯이 멘티를 상대하십시오. 야단을 칠 수도 있고 반대의견을 말할 수도 있습니다.

중요한 것은 멘티의 잘못된 행동과 별도로 멘토가 멘티를 믿고, 사랑하고, 존중하고 있음을 확실하게 전달하는 것입니다. 그럴 수 있다면 멘티는 깨지지 않습니다.

10. 모든 멘티는 TV에 나오는 문제아처럼 제멋대로 사는 아이일 것이다.

이러한 멘티도 있지만 반 수 이상은 첫 만남에서는 대답도 잘 안하고, 수줍음이 많고, 수동적인 멘티를 만나게 될 것입니다.

위의 상황에 대해서만 준비했다면 멘토는 당황하게 될 것입니다. 비행청소년이라 해서 모두 과격하고 적극적이지는 않습니다.

11. 멘토는 만능해결사가 되어야 한다.

멘토가 되지 말아야 할 것이 바로 만능해결사입니다. 멘토는 멘티의 문제를 해결하는 데보다 멘티의 능력을 키우는 데 도움이 되어야 합니다. 멘티의 잠재력을 믿고 기다리고 지켜주어야 합니다. 멘토가 도움을 제안할 때도 있지만 모든 것에 나서서 멘티의 문제를 해결해 주려 하지 말아야 하며 또 그럴 수도 없을 것입니다. 멘토가 모든 것을 해결해주어야 한다고 생각하면 멘토는 금방 지칠 것이고 자신의 능력에 회의를 품을 수밖에 없습니다. 무엇보다 멘티의 성장에 도움이 되지 않는다는 것입니다.

12. 멘토링은 능력있는 멘토가 멘티에게 무언가 많이 주는 것이다.

멘토링은 일방적인 것이 아닙니다. 상호적 관계 안에서 멘토는 신뢰와 긍정적인 보호와 같은 경험을 제공할 수 있습니다.

이것은 쌍방적인 관계를 바탕으로 하는 것입니다. 멘토가 반드시 많은 능력을 가지고 멘티에게 계속해서 가르침을 주고 무엇을 제공해야만 하는 것은 아닙니다.

멘티가 무언가를 받을 준비가 되지 않았다면 이러한 일방적인 제공은 오히려 관계의 질을 떨어뜨릴 수 있습니다.

13. 멘토는 활동한 만큼 반드시 보람을 느끼게 될 것이다.

멘토가 노력한 만큼 보람을 느끼지 못할 수도 있습니다. 때로는 기대했던 이상으로 멘티에게 도움이 될 때도 있지만, 때로는 노력했음에도 관계조차 잘 형성되지 않고 만남조차 어려울 때가 있습니다.

일단 멘토 여러분은 멘티가 어려움에 처했을 때 믿고 요청할 수 있는 사람이 되는 것을 목표로 하여 보다 적극적인 도움을 줄 수 있도록 하십시오. 멘티 주변에는 도움을 청할 어른이 없는 경우가 많습니다.

14. 멘티는 스스로 바른 결정을 할 능력이 없어 멘토가 해주어야 한다.

멘티의 의견을 존중하고 멘티의 의사결정을 독려하십시오. 잘못을 저질렀다는 것만으로 멘티를 이해해서도 안 되며, 그로 인해 멘티의 능력마저 의심해선 안 됩니다. 멘티의 의사결정을 존중하는 것은 멘토가 멘티의 생각을 가치있게 여김은 물론 멘티의 의사결정 능력과 타협기술 발달에 도움이 될 것입니다. 멘티를 무시한 멘토의 독단적인 결정은 멘토링 관계를 위협할 것이며, 멘티의 자긍심에도 도움이 되지 않습니다.

15. 멘티는 나와 아주 다른 아이일 것이다.

멘티를 만나보면 그 나이 또래 청소년과 다르지 않다는 것을, 또 멘토인 나와 그리 다르지 않다는 것을 곧 알게 될 것입니다. 혹시 비행을 저지른 청소년들이 나와는 아주 다르고 이해하기 어려울 것이라는 편견을 가질 수도 있습니다. 멘티를 있는 그대로 보십시오. 내 주변의 청소년, 나의 어린 시절과 다르지 않을 것입니다.

멘토링 활동에 대한 생각에 대한 답

1	2	3	4	5	6	7	8	9	10	11	12	13
×	×	×	○	×	×	×	×	○	×	×	○	○

부록 2

소개. 좋은친구만들기운동

좋은친구만들기운동은 청소년들에게 함께 사는 삶에 대하여 고민하며 청소년 자신의 참 모습을 찾아가는 나침반이 되어주는 멘토링운동입니다.

★ 좋은친구만들기운동이란?

청년 자원활동가 한 명과 청소년(보호관찰 청소년, 저소득가정 청소년, 북한 이주 청소년, 장애 청소년 등)한 명이 1:1로 결연을 맺어 애정으로 서로를 깊이 이해하고 교류하여 친구가 됨으로서 청소년에게는 새로운 동기와 목표의식을 주고 자원활동가에게는 보람과 만족을 주는 사회통합운동입니다.

꿈과 희망으로 가슴 부풀어 있어야 할 청소년 시기에 한 순간의 감정과 호기심에 사회에서 소외되는 청소년이 많이 있습니다. 또한 양극화가 심화되는 가운데 저소득가정의 청소년은 사회적 무관심 속에 위기에 몰려 방치되고 있습니다. 그동안 우리는 그들에게 무관심했고 문제아라고 생각했습니다. 그렇지만 그들도 우리가 사랑하고 관심을 가져야 할 우리의 미래입니다. 한 사람의 친구가 있으면 살기는 훨씬 쉬워집니다.

★★ 좋은친구만들기운동 멘토링의 종류

① 보호관찰 청소년 멘토링

보호관찰 청소년과 결연을 통해 재범방지 및 일탈행위를 방지하고 청소년들에게 새로운 삶의 용기와 희망을 넣어주는 정서지지 및 프로그램 활동입니다.

② 저소득 청소년 멘토링

저소득 가정 청소년과 결연을 통해 일탈행위 방지 및 사회적 자존감을 심어주어 보다 긍정적 사고로 삶을 영위할 수 있도록 돕는 정서적 지지 및 프로그램식 활동입니다.

③ 북한 이주 청소년 멘토링

북한 이주 청소년과 결연으로 오는 일탈감 극복과 새로운 사회에 적응할 수 있도록 돕고 현 사회의 청소년 문화를 체험하여 사회 구성원으로서 살아갈 수 있도록 용기와 희망을 주는 활동입니다.

④ 장애 청소년 멘토링

장애 청소년과 1:1로 결연을 맺고 6개월 동안 비장애 청소년이 일일 자원봉사 형태로 결합하여 장애 청소년을 애정으로 지도하는 활동입니다.

★★★ 좋은친구만들기운동의 성과

좋은친구만들기운동은 1999년부터 지속적으로 멘토링 프로그램을 진행했으며 전국 11개 지역에서 좋은친구만들기운동으로 결연된 멘토와 멘티는 3천여 명에 달합니다. 또한 다음과 같이 멘티들의 실질적인 행동과 가치관 변화를 가져왔습니다.

좋은친구만들기 운동 시작 전과 후의 멘티 비행행동의 변화

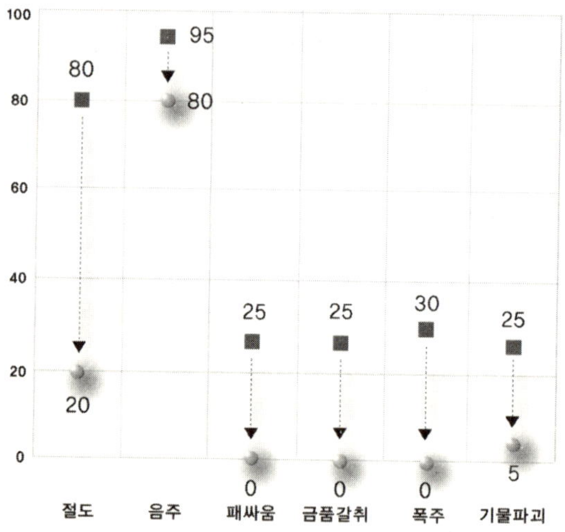

*2005년 (사)KYC 좋은친구만들기 프로그램 효과성 검증 설문 분석 자료

★★★★ 더 많은 멘토, 멘티와 함께 하고 싶습니다.

좋은친구만들기운동은 멘토 교육 교재 개발 등 멘토링 관련 연구사업을 위해 연구소를 설립하고 멘토와 관리자를 위한 아카데미를 개최하는 등 더욱 효과적인 멘토링 사업을 위해 노력하겠습니다.

좋은친구만들기운동 참여문의 연락

- 서울_ T. 02-2273-2205, http://bravomylife.net
- 청주_ T.043-262-4226, http://cjkyc.or.kr
- 성남_ T. 031-721-9577, http://snkyc.or.kr
- 안양_ T. 031-469-2614, http://aykyc.or.kr
- 수원_ T. 031-244-4056, http://swkyc.or.kr
- 화성_ T. 031-355-0445, http://hskyc.or.kr
- 천안_ T. 041-578-9484, http://cakyc.or.kr
- 대구_ T. 053-256-8220, http://tgkyc.or.kr
- 포항_ T. 054-278-9322, http://phkyc.or.kr
- 순천_ T. 061-722-8511, http://sckyc.or.kr
- 목포_ T. 061-242-1282, http://mpkyc.or.kr